Roswitha Svensson · Konkretisierung von Rechtsnormen

Staats- und rechtstheoretische Studien 12

Herausgeber:
Institut für Theorie des Staates und des Rechts
der Akademie der Wissenschaften
der Deutschen Demokratischen Republik

Roswitha Svensson

Konkretisierung von Rechtsnormen

AKADEMIE-VERLAG · BERLIN 1982

Redaktionelle Bearbeitung: Ernst Weihrauch

Erschienen im Akademie-Verlag, DDR-1086 Berlin, Leipziger Straße 3—4

Lizenznummer: 202 · 100/232/82
Gesamtherstellung: VEB Druckerei „Thomas Müntzer", 5820 Bad Langensalza
Umschlaggestaltung: Rolf Kunze
Bestellnummer: 754 095 2 (2173/12) · LSV 0425
Printed in GDR
DDR 6,50 M

Inhalt

1. Problemstellung

Rechtstheoretische Untersuchungen zur Rolle des sozialistischen Rechts in der DDR, insbesondere seiner gesellschaftlichen Wirksamkeit, sind notwendig untrennbar mit den Grundtendenzen, Erfordernissen und Problemen des gesamtgesellschaftlichen Entwicklungsprozesses, vor allem seiner staatlichen Leitung verbunden. Auf dem X. Parteitag der SED wurde nachdrücklich festgestellt: „Die sozialistische Staatsmacht unter Führung der marxistisch-leninistischen Partei, ihre Autorität und Funktionsfähigkeit sind Grundlage und Voraussetzung für das erfolgreiche Voranschreiten. Das ist und bleibt die Grundfrage der sozialistischen Revolution."[1] Die weitere *allseitige* Stärkung unserer Staatsmacht ist daher in der Tat ein ehernes Gesetz des stetigen gesamtgesellschaftlichen Fortschritts der entwickelten sozialistischen Gesellschaft. Hierbei geht es vor allem um die weitere Entfaltung der sozialistischen Demokratie als der Hauptrichtung, in der sich die sozialistische Staatsmacht auch künftig entwickelt,[2] sowie um die weitere Verbesserung der Leitungstätigkeit des Systems der Staatsorgane.[3] Diese Orientierung des X. Parteitages der SED unterstreicht die Kontinuität unserer Politik hinsichtlich der Staatsentwicklung,[4] die notwendig eine höhere Organisiertheit und Bewußtheit des gesellschaftlichen Handelns und Verhaltens der Werktätigen einschließt. Das wiederum ist ein elementares Erfordernis, um die Politik der Hauptaufgabe auch in den 80er Jahren fortzuführen, an dem bewährten Kurs festzuhalten, das materielle und kulturelle Lebensniveau des Volkes auf der Grundlage eines hohen Entwicklungstempos der sozialistischen Produktion, der Erhöhung der Effektivität, des wissenschaftlich-technischen Fortschritts und des Wachstums der Arbeitsproduktivität zu erhöhen.[5]

Um die vor uns stehenden großen Aufgaben bei der Fortsetzung dieses Kurses der Einheit von Wirtschafts- und Sozialpolitik auch unter den veränderten Bedingungen im Bereich der Außenwirtschaft zu bewältigen, ist es vor allem notwendig, die weitere Konzentration und Spezialisierung der Produktion, ihre proportionale Entwicklung, die Dynamik des wissenschaftlich-technischen Fortschritts *leitungsmäßig* — auf allen Ebenen — noch besser zu erfassen. Nur auf diese Weise ist es möglich, die erforderliche Erhöhung der Arbeitsproduktivität und Effektivität, insbesondere den hohen Leistungsanstieg in der gesamten Volkswirtschaft zu sichern.[6] Insofern kann man feststellen, daß es — wie in allen Bereichen unserer Gesellschaft — auch in der staatlichen Tätigkeit verstärkter Anstrengungen bedarf, um den wachsenden Anforderungen der achtziger Jahre gerecht zu werden.[7]

In diese Zusammenhänge muß man auch die Notwendigkeit, die Wirksamkeit des sozialistischen Rechts zu erhöhen, einordnen; denn das sozialistische Recht ist ein fester Bestandteil sozialistischer Leitungstätigkeit, den es gilt konsequent durchzusetzen und entsprechend den Anforderungen der gesellschaftlichen Entwicklung weiter auszugestalten.[8] Davon ausgehend, ergibt sich bezüglich des Rechts als ein wichtiges Element des juristischen Überbaus[9] eine Reihe von Fragestellungen, deren Lösung dazu beitragen wird, daß das sozialistische Recht noch effektiver zur Bewältigung der vor uns stehenden Aufgaben eingesetzt werden kann. Es handelt sich hierbei um Anforderungen genereller Natur, die die gesamte Rechtswissenschaft betreffen.[10]

Unter *rechtstheoretischem* Aspekt ergeben sich zwei besonders hervorzuhebende Problemkreise. Zum einen sind Fragen zum Prozeß der Schaffung neuer Rechtsnormen — wenn man die wachsenden Anforderungen an die sozialistische Leitungstätigkeit in Betracht zieht — eine wichtige Seite der Verbesserung des Leitungsinstruments „Recht“. Die weitere Ausarbeitung einer Theorie der Rechtsbildung steht daher auf der Tagesordnung. Hierbei geht es vor allem um das Entwickeln von Kriterien, nach denen die rechtliche Regelung gesellschaftlicher Verhältnisse objektiv notwendig und möglich wird. Dabei sind auch solche Fragen, wie z. B. die nach dem Einfluß der wissenschaftlich-technischen Revolution und der sozialistischen ökonomischen Integration auf das rechtliche Regelungsobjekt und den Regelungsgegenstand, sowie Probleme der Verbesserung der Gesetzgebungstechnik wissenschaftlich zu beantworten.[11] Neben diesen rechtsbildungstheoretischen Problemen bilden vor allem Fragen der Wirkung des Rechts, seiner Realisierung einen weiteren wichtigen Problemkreis. Es war Lenin, der die Bedeutung des sozialistischen Rechts u. a. danach einschätzte, inwieweit das vom Staat gesetzte Recht auch realisiert worden ist. Er stellt fest: „Was bereits dekretiert worden ist, haben wir bei weitem noch nicht genügend in die Tat umgesetzt, und die Hauptaufgabe besteht gegenwärtig gerade in der Konzentrierung aller Anstrengungen auf die sachliche, praktische *Verwirklichung* der Grundlagen jener Umgestaltungen, die bereits Gesetz (aber noch nicht Wirklichkeit) geworden sind.“[12] Deshalb ist es auch Aufgabe der Rechtstheorie, das Verhältnis der Rechtsnormen zur gesellschaftlichen Wirklichkeit gründlicher zu erforschen. Gesellschaftliche Veränderungen werden nicht schon durch den Erlaß von Rechtsnormen geschaffen, aber deren Realisierung kann und muß wesentlich dazu beitragen, die gesellschaftliche Wirklichkeit zu verändern, ihren Fortschritt zu sichern.[13]

Die Hervorhebung der Bedeutung von Untersuchungen zum *Wirken* des Rechts, zu seiner Umsetzung in die Wirklichkeit, soll keinesfalls dazu dienen, eine Wertigkeit zwischen Rechtsbildung und Realisierung des Rechts vorzunehmen bzw. gar letzteres überzubetonen. Die Realisierung der Rechtsnormen ist die logische Fortsetzung der Rechtsbildung, und nur über die Einheit von Rechtsbildung und Umsetzung des Rechts in konkrete Handlungen kann das sozialistische Recht als ein Regulator der gesellschaftlichen Verhältnisse fungieren. Dem wird auch der durch die sowjetische Rechtstheorie eingeführte Begriff des Mechanismus der rechtlichen Regelung gerecht, der von der Einheit und wechselseitigen Bedingtheit der Rechtsbildung und der Verwirklichung des Rechts ausgeht.[14] In diesem Zusammenhang sei vermerkt, daß vor allem die methodologische Bedeutung dieses Begriffes m. E. in der Rechtstheorie noch nicht ausgeschöpft wurde.[15] Darauf ist aber noch zurückzukommen.

Was die Forschung zur Rechtsbildung und zur Wirkung des Rechts betrifft, so sei hier auch festgestellt, daß auf Grund der arbeitsteiligen Untersuchungen dieser beiden

Grundsäulen der Rechtstheorie sie wechselseitig in den Vordergrund treten und insofern der Eindruck einer gewissen Priorität der einen entstehen kann. Auch ist es m. E. wichtig zu betonen, daß sowohl die Wirkungstheorie des sozialistischen Rechts als auch die Gesetzgebungstheorie keine einmal erarbeiteten und für immer gültigen Theorien sind, die nur durch aktuelle „Randprobleme" zu ergänzen wären. Die dynamische Entwicklung unserer Gesellschaft wirft immer neue Problemstellungen auf, die es in die Wirkungstheorie einzuordnen gilt. Darüber hinaus geht es darum, bestimmte traditionelle rechtstheoretische Fragestellungen neu zu überdenken. Unbestritten ist zunächst, daß die Wirksamkeit des sozialistischen Rechts entscheidend von der im Rechtsbildungsprozeß erreichten Qualität des sozialistischen Rechts abhängt. Insofern kommt den Arbeiten zur Rechtsbildungstheorie eine große Bedeutung zu. Allerdings ist ein qualitativ noch so gutes sozialistisches Recht zwar eine Voraussetzung, aber noch keine Garantie für die Erhöhung seiner Wirksamkeit. Sie hängt auch von den Bedingungen ab, unter denen das Recht realisiert wird. Deshalb kann das Problem der Erhöhung seiner Wirksamkeit nur gelöst werden, wenn auch der Prozeß des Umsetzens der Rechtsnorm in konkretes Handeln der Rechtsnormadressaten einer differenzierten Betrachtung unterzogen wird. Das muß Anliegen von Untersuchungen zur Wirksamkeit des sozialistischen Rechts sein.[16]

Rechtsnormen sind immer generelle Verhaltensregeln. Deshalb müssen sie — unabhängig davon, wie adäquat sie die gesellschaftliche Wirklichkeit widerspiegeln — im Prozeß des Wirkens des sozialistischen Rechts konkretisiert werden; denn der jeweilige Rechtsnormadressat geht bei seiner Entscheidung zum Handeln von der Vielfalt der objektiven und subjektiven Bedingungen *seiner jeweiligen Situation* aus. Diese Vielfalt der Bedingungen kann und soll nicht von einer Rechtsnorm vollständig erfaßt werden. Deshalb müssen sozialistische Rechtsnormen konkretisiert werden, und zwar sowohl bei ihrer unmittelbaren Realisierung durch den Bürger als auch bei ihrer Anwendung durch ein staatliches Organ. Dieses Umsetzen der generellen Norm in eine individualisierte Entscheidung eines Staatsorgans oder in eine individualisierte Entscheidung zum konkreten Handeln — in eine Konkretisierungsentscheidung also — ist das *Problem der Konkretisierung* sozialistischer Rechtsnormen.

Betrachtet man nun unsere rechtstheoretische Literatur dazu, beispielsweise das Lehrbuch der Staats- und Rechtstheorie, aber auch die rechtszweigtheoretische Literatur, so wird hier das Problem der Konkretisierung vor allem unter dem Aspekt der Ableitung von Individualakten aus den Rechtsnormen gesehen, was zweifelsohne richtig, aber so allein nicht ausreichend ist.[17] Wie sieht aber nun die Rechtspraxis aus? Ist sie so, wie die Theorie sie beschreibt? Gibt es nur Rechtsnormen und Individualakte, dazwischen nichts?

Ein Blick in die unmittelbare Rechtspraxis zeigt uns recht schnell, daß es eine Vielzahl von Erscheinungen gibt, deren Zuordnung zu der einen oder anderen Seite, d. h. der Rechtsnorm oder dem Individualakt, außerordentlich schwerfällt und auch nicht über bloße Definitionsfragen zu lösen ist. Verwiesen sei hier nur auf die Fülle solcher in der Praxis bedeutsamer Erscheinungen wie Rechtssätze und Richtlinien des Obersten Gerichts, grundsätzliche Feststellungen des Vorsitzenden des Staatlichen Vertragsgerichts, allgemeine Liefer- und Leistungsbedingungen u. a. m.

Einerseits haben wir also unsere juristische Literatur, die nur Rechtsnormen und Individualakte unterscheidet, und *andererseits* die Rechtspraxis, in der nachgewiesenermaßen Erscheinungen im Wirkungsprozeß des sozialistischen Rechts existieren, die schwerlich in das gegenwärtige System der Theorie von der Rechtsverwirklichung zu passen scheinen. — Womit haben wir es hier eigentlich zu tun, etwa mit einem gesellschaftlichen Phänomen der Rechtsanwendung ohne sonderliche theoretische Bedeutung? Das ist keineswegs der Fall.

Nach verschiedenen, an anderer Stelle noch auszuweisenden praktischen Untersuchungen mit Hilfe der Dokumentenanalyse sind vielmehr — um das Ergebnis derselben vorwegzunehmen — folgende theoretische Schlußfolgerungen zu ziehen:

1. Die o. g. Erscheinungen können auf Grund ihrer spezifischen Merkmale keinem der beiden Pole der Konkretisierung zugeordnet werden, also weder der Rechtsnorm noch dem Individualakt. Es sind folglich *Zwischenglieder* innerhalb des Konkretisierungsprozesses. Aus diesem Grunde wird der Begriff „*Konkretisierungsstufen*" für diese Erscheinungen vorgeschlagen.

2. Konkretisierungsstufen geben auf der Grundlage und im Rahmen der Rechtsnormen *einheitliche* Kriterien und Richtwerte zur Anwendung bestimmter Rechtsnormen (vor allem derjenigen mit großem Generalisierungsgrad und damit großem Entscheidungsraum) unter konkreten Bedingungen der gesellschaftlichen Entwicklung. *In diesem Sinne* kann man sie als *Vermittlungsglieder* zwischen Rechtsnorm und gesellschaftlicher Wirklichkeit bezeichnen.

3. Um solche „Konkretisierungsstufen" zu entwickeln, die also einheitliche Kriterien und Richtwerte zur Anwendung von Rechtsnormen in einer konkreten Etappe der gesellschaftlichen Entwicklung enthalten, ist die wissenschaftliche *Analyse* der *unmittelbaren* gesellschaftlichen *Wirklichkeit eine notwendige Bedingung.*

Das praktische Umfeld des Konkretisierungsproblems in seiner ganzen Reichweite hier anzudeuten, macht es notwendig, auch auf die Problematik der *Bewertungsbegriffe* einzugehen. Sind nämlich Bewertungsbegriffe im sozialistischen Recht enthalten, so hat die Konkretisierung in diesen Fällen eine besondere Bedeutung. Um der zunehmenden Dynamik und Komplexität der Entwicklung der sozialistischen Gesellschaft mit Hilfe des Rechts gerecht zu werden, sind erhöhte und neuartige Anforderungen zu erfüllen. Dabei ist in Betracht zu ziehen, daß der Schaffung von immer entsprechend neuen rechtlichen Regelungen u. a. durch die spezifische Dynamik der gesellschaftlichen Verhältnisse objektiv Grenzen gesetzt sind; deshalb muß nach Reaktionsmöglichkeiten im Wirkungsprozeß des sozialistischen Rechts gesucht werden. Das bedeutet aber nichts anderes, als nach Wegen zu suchen, um *innerhalb des Mechanismus der rechtlichen Regelung* auf Veränderungen in den rechtlich geregelten gesellschaftlichen Verhältnissen zu reagieren, ohne die entsprechende rechtliche Regelung aufzuheben und neu zu fassen. Eine vom Gesetzgeber häufig praktizierte Variante ist daher der Gebrauch von Bewertungsbegriffen. So enthält das Zivilgesetzbuch (ZGB) fast 100 verschiedene derartige Bewertungsbegriffe. Sie reichen, um nur einige sehr gebräuchliche zu nennen, von „gesellschaftliche Erfordernisse" über „notwendige Aufwendungen" bis zu „angemessene Frist".

Ein wichtiges Problem in diesem Zusammenhang ist die Ausfüllung von Bewertungsbegriffen und damit ihre Konkretisierung. In einer beträchtlichen Anzahl von Fällen erfolgt eine Ausfüllung der Bewertungsbegriffe im Prozeß des Wirkens des Rechts — und damit ihre Konkretisierung entsprechend dem gegebenen gesellschaftlichen Entwicklungsstand — mit solchen Konkretisierungsstufen wie den bereits erwähnten Rechtssätzen, Richtlinien und Beschlüssen des Obersten Gerichts, den grundsätzlichen Feststellungen des Vorsitzenden des Staatlichen Vertragsgerichts u. a., d. h. also mittels Rechtsformen des Wirkens des Rechts. Diese Rechtsformen — deren Rechtscharakter nicht unbestritten ist — leisten m. E. unter dem Aspekt der Sicherung einer einheitlichen Rechtsanwendung einen wichtigen Beitrag zur Durchsetzung der sozialistischen Gesetzlichkeit.

Die vorgelegte Studie zur Konkretisierung des Rechts soll ein Beitrag zur Wirkungstheorie des sozialistischen Rechts sein. Hierbei wird aus dem Gesamtprozeß der Konkretisierung des sozialistischen Rechts ein spezieller Bereich, nämlich die richterliche Rechtsanwendung, untersucht. Die anderen zwei großen Säulen der Konkretisierung, die im Bereich der staatlichen Verwaltung und der Wirtschaftsleitung, werden nur hinsichtlich der allgemeinen Aussagen zur Konkretisierung mit erfaßt.

Der Studie liegen umfangreiche empirische Untersuchungen von Konkretisierungsstufen insbesondere aus dem Bereich der richterlichen Rechtsanwendung zugrunde; zurückgegriffen wurde auch auf Konkretisierungsstufen aus der Tätigkeit des Staatlichen Vertragsgerichts. Vornehmlich mit Hilfe der Dokumentenanalyse wurden unter dem Gesichtspunkt der Themenstellung die in der „Neuen Justiz" in den Jahren 1969—1979 veröffentlichten Rechtssätze sowie die bisher ergangenen Richtlinien und Beschlüsse des Obersten Gerichts analysiert.

Eine solche empirisch belegte Untersuchung erschien der Verfasserin notwendig, um bestimmte theoretische Problemstellungen, die in den letzten Jahren in der rechtstheoretischen Literatur und vor allem in wissenschaftlichen Diskussionen erörtert werden, von neuen Aspekten her zu beleuchten.

Bei der Vielfalt der Konkretisierungsstufen, die es im praktischen Rechtsleben gibt, konnte im Rahmen dieser Arbeit nur ein Ausschnitt untersucht werden. Daß sich die Verfasserin dazu entschied, die rechtstheoretischen Problemstellungen der Konkretisierung vornehmlich anhand der Rechtssätze darzustellen, hängt damit zusammen, daß diese jene Konkretisierungsformen darstellen, die insbesondere Bewertungsbegriffe des Zivilgesetzbuches (ZGB) und des Arbeitsgesetzbuches (AGB) konkretisieren, deren herausragende Bedeutung auch für die Rechtspraxis im Alltag nicht zu übersehen ist.

2. Was ist, soll und kann die Konkretisierung des Rechts?

2.1. Zur Notwendigkeit der Konkretisierung sozialistischer Rechtsnormen

Ein kurzes Anreißen der Problematik, die sich um die Konkretisierung rankt, weckt sofort Assoziationen zu solchen Prozessen und Vorgängen wie Rechtsverwirklichung, Rechtsanwendung, Auslegung, Individualisierung, aber auch Rechtsbildung, Rechtsquellen, um nur die wesentlichsten zu nennen. Deshalb ist zunächst der Frage nachzugehen, was ist, soll und kann die Konkretisierung sozialistischer Rechtsnormen bzw. was ist, soll und kann sie nicht.

Fragen der Konkretisierung sozialistischer Rechtsnormen sind eng verbunden mit dem Verhältnis zwischen sozialistischem Recht und gesellschaftlicher Wirklichkeit, ja im gewissen Sinne erfaßt die Konkretisierungsproblematik einen wesentlichen Aspekt dieses Verhältnisses. Um das Konkretisierungsproblem richtig zu erfassen, muß es deshalb in dieses Verhältnis eingeordnet werden, vor allem in die Beziehung zwischen Wirken des sozialistischen Rechts und Durchsetzung objektiver Gesetze der gesellschaftlichen Entwicklung bzw. ihrer Erfordernisse.

Im folgenden sollen deshalb zunächst einige, für das tiefere Verständnis der Fragen der Konkretisierung notwendig erscheinende Bemerkungen zu dieser Beziehung gemacht werden.[1] Ausgangspunkt sind die Aussagen der Klassiker zur Stellung des Rechts im Überbau, weil sie die Grundlage für die Charakterisierung des Verhältnisses Recht — gesellschaftliche Wirklichkeit bilden und damit schließlich auch die Notwendigkeit der Konkretisierung des sozialistischen Rechts begründen.

In der Kritik des Gothaer Programms bezeichnet Marx die sozialistische Gesellschaft — „wie sie eben aus der kapitalistischen . . . *hervorgeht*" — als eine Gesellschaft, die „. . . in jeder Beziehung, ökonomisch, sittlich, geistig, noch behaftet ist mit den Muttermalen der alten Gesellschaft". Davon ausgehend, charakterisiert er das Recht dieser Gesellschaft als ein gleiches Recht, ein im Prinzip noch bürgerliches Recht; ein Recht, das mit einer bürgerlichen Schranke behaftet ist, weil es gleiches Recht für ungleiche Individuen ist.[2] Marx begründet die Unvermeidbarkeit dieser Ungleichheit in der ersten Phase der kommunistischen Gesellschaft, indem er feststellt: „Das Recht kann nie höher sein als die ökonomische Gestaltung und dadurch bedingte Kulturentwicklung der Gesellschaft."[3]

Die materielle Determiniertheit des Rechts und seine notwendige Adäquatheit zum Entwicklungsstand der ökonomischen Verhältnisse schließen eine relative Selbständigkeit des Rechts nicht aus. Auf diesen Umstand verwies Engels bekanntlich in seinen Altersbriefen mit besonderem Nachdruck. So stellte er über das Verhältnis von materieller Basis und Überbau fest: „Die ökonomische Lage ist die Basis, aber die verschiedenen Momente des Überbaus ... üben auch ihre Einwirkung auf den Verlauf der geschichtlichen Kämpfe aus und bestimmen in vielen Fällen vorwiegend deren *Form.*"[4]

Die Stellung der Überbauerscheinung „Recht" wird von Engels speziell gekennzeichnet, wenn er schreibt: „So wie die neue Arbeitsteilung nötig wird, die Berufsjuristen schafft, ist wieder ein neues, selbständiges Gebiet eröffnet, das bei all seiner allgemeinen Abhängigkeit von der Produktion und dem Handel doch auch eine besondre Reaktionsfähigkeit gegen diese Gebiete besitzt."[5]

Zwischen dem Recht und den materiellen Verhältnissen besteht also ein dialektisches Wechselverhältnis. Die materiellen Verhältnisse sind hierbei die bestimmende, die primäre Seite. Das gilt — das sei an dieser Stelle schon vorweggenommen — sowohl für die Rechtsbildung als auch für die Konkretisierung des Rechts; denn auch sie entsteigt nicht einer Idee desjenigen, der die Konkretisierung vornimmt, sondern ist an die materiellen Verhältnisse gebunden, insofern als diese den determinierenden Faktor bilden. Die aus der Dialektik dieses Verhältnisses folgende relative Selbständigkeit des Rechts, d. h. die Einflußnahme seinerseits auf die materiellen Verhältnisse, erreicht im Sozialismus eine neue Qualität.[6] Ein Aspekt dieser neuen Qualität, der seinen Ausdruck darin findet, daß das sozialistische Recht zu einem wichtigen Leitungsinstrument des sozialistischen Staates zur bewußten Gestaltung der sozialistischen Gesellschaft wird, ergibt sich letztlich aus dem grundlegenden Unterschied zwischen kommunistischer und kapitalistischer Gesellschaftsformation bzw. zwischen sozialistischer und bürgerlicher Revolution insgesamt.

Bestand für die werktätigen Massen in den bürgerlichen Revolutionen die Aufgabe vor allem in der negativen oder zerstörenden Arbeit, so ist die Hauptaufgabe des Proletariats in jeder sozialistischen Revolution ihrem Wesen nach konstruktiver, positiver und schöpferischer Natur.[7] Die sozialistische Gesellschaft entwickelt sich nicht spontan, sie wird durch das bewußte Handeln der Arbeiterklasse und aller anderen werktätigen Klassen und Schichten geschaffen. Mit diesem Handeln gilt es, die objektiven Gesetze der gesellschaftlichen Entwicklung bzw. deren Erfordernisse bewußt durchzusetzen. Dabei ist stets in Betracht zu ziehen, daß ein gesellschaftliches Gesetz — wie jedes Gesetz — ein „objektiver, notwendiger, allgemeiner und damit wesentlicher Zusammenhang zwischen Dingen, Sachverhalten, Prozessen usw. der Natur, der Gesellschaft oder des Denkens (ist), der sich durch relative Beständigkeit auszeichnet und sich unter gleichen Bedingungen wiederholt".[8] „Objektiv" bedeutet indes nicht, daß sich das Handeln des Menschen auf das Vollziehen von notwendig Vorherbestimmtem *reduziert.* Das würde bedeuten, daß der Mensch nie anders handeln könnte, als er es tat. Damit würde man den Menschen „als Objekt der Umstände" klassifizieren.[9] Darüber hinaus reduzierte man dann den objektiven Charakter letztlich auf ein spontanes Wirken.

Wenn aber der Mensch nicht nur objektiv Vorherbestimmtes vollzieht, heißt das gleichzeitig, daß er mehrere Möglichkeiten haben muß, durch die er die objektiven Impulse der materiellen, gesellschaftlichen Verhältnisse, die Erfordernisse der gesellschaftlichen Gesetze vollziehen kann. Das bedeutet, daß das Verhältnis zwischen den materiellen Verhältnissen und den in ihnen wirkenden objektiven Gesetzen sowie den Menschen ein dialektisches Verhältnis ist.

Aus der Objekt-Subjekt-Dialektik folgt einerseits, daß der objektive Charakter der gesellschaftlichen Gesetze bzw. Gesetzmäßigkeiten darin besteht, daß sie vom Bewußtsein der Menschen unabhängig in dem Sinne existieren, daß sie primär, bestimmend sind. Andererseits kann das Wirken objektiver Gesetze nur das Resultat des Handelns der Menschen sein. Dieses Handeln gesellschaftlicher Subjekte aber „. . . besitzt eine relative Autonomie gegenüber den objektiven Bedingungen, eine bestimmte Breite der Reaktion auf die Impulse, die von den objektiven Voraussetzungen ausgehen. Das Objektive muß, um zu einem seinen Erfordernissen entsprechenden Handeln zu führen, seinen Weg ‚durch' das Subjekt, durch sein Bewußtsein und die Vielfalt intradispositioneller Faktoren des Handelns nehmen."[10]

Was nun die Rolle des Rechts als Lenkungs- und Leitungsinstrument anlangt,[11] so ist es m. E. richtig, davon auszugehen, daß die Beziehung zwischen dem Wirken des sozialistischen Rechts und den objektiven Gesetzen in diesem Zusammenhang in das Wechselverhältnis von objektivem Gesetz und Handeln eingeordnet wird.[12] Nur so kann der tatsächliche Stellenwert, den das sozialistische Recht bei der Durchsetzung objektiver Gesetze einnimmt und einnehmen kann, erfaßt werden. (Es geht also darum, die Rolle des Rechts hierbei weder unter- noch überzubetonen.) Insoweit das auf die Durchsetzung objektiver Gesetze bzw. ihrer Erfordernisse gerichtete Handeln der Menschen durch das Wirken des Rechts vermittelt wird, in dem Maße sind die objektiven Gesetze und ihr Wirken auch vom Wirken des Rechts abhängig, sind das sozialistische Recht und sein Wirken ein notwendiges, stimulierendes Moment im Wirkungsmechanismus der objektiven Gesetze der sozialistischen Gesellschaftsentwicklung.

Allerdings gilt es zu beachten, daß nicht nur Kenntnisse über das Wirken objektiver Gesetze zu berücksichtigen sind, sondern auch Kenntnisse über den Mechanismus ihrer bewußten Ausnutzung. „Die objektiven Anforderungen der ökonomischen Entwicklung des Sozialismus auf der subjektiven Seite zu berücksichtigen und adäquat umzusetzen, läuft im gesamtgesellschaftlichen Maßstab darauf hinaus, einen den objektiven Gesetzen und ihren Wirkungsbedingungen entsprechenden gesellschaftlichen Mechanismus der bewußten Ausnutzung dieser Gesetze zu gestalten."[13] Hieraus abgeleitet gilt für das sozialistische Recht, daß es sowohl das Wirken objektiver Gesetze widerspiegeln als auch Möglichkeiten ihrer Ausnutzung festlegen muß. Bei der Fixierung von Rechtsnormen gilt es zu beachten, daß objektive Gesetze selbst der Dialektik unterworfen sind, sich verändern und in den verschiedenen Etappen der gesellschaftlichen Entwicklung unterschiedlich erscheinen.[14] Deshalb müssen die Rechtsnormen unter Berücksichtigung der wesentlichen Entwicklungsperspektiven der objektiven Gesetze und zu erwartenden Veränderungen ihrer Wirkungsbedingungen formuliert werden, was u. a. auch wesentlich zur Stabilität des sozialistischen Rechts beitragen kann.[15] Zusammenfassend muß man feststellen, daß sozialistische Rechtsnormen die objektiven Entwicklungsbedingungen der Gesellschaft sowie die subjektiven Möglichkeiten ihrer Umgestaltung adäquat widerspiegeln müssen, um effektiv im Ausnutzungsmechanismus objektiver Gesetze wirken zu können.[16]

Das bisher angeführte Verhältnis, sozialistisches Recht-objektive Gesetze der gesellschaftlichen Entwicklung zu gestalten, ist ein Prozeß, der — allgemein formuliert — der Rechtsbildung obliegt. Doch ist, wie eingangs festgestellt, gesetztes Recht noch kein bewußtes, gesellschaftsgestaltendes Handeln. Bis dahin sind noch verschiedene Prozesse notwendig; u. a. auch die Konkretisierung der im Rechtsbildungsprozeß — entsprechend den angeführten allgemeinen Ausgangsbedingungen — fixierten Rechtsnormen. Dabei ist das „Wie" des Zustandekommens von Rechtsnormen von höchstem Interesse und hat bestimmte Konsequenzen. Wenn sich nämlich objektive Gesetze unter konkreten Wirkungsbedingungen durchsetzen, gilt es, auch bei der Konkretisierung, in Fortsetzung des im Rechtsbildungsprozeß erfolgten Widerspiegelns der gesellschaftlichen Wirklichkeit und auf der Grundlage der in der Rechtsnorm ausgedrückten Vorgabe des Gesetzgebers die gesellschaftliche Wirklichkeit zu berücksichtigen, die Dialektik des Wirkens objektiver Gesetze in Betracht zu ziehen.

Die Widerspiegelung objektiver Gesetze bzw. ihrer Erfordernisse im sozialistischen Recht ist ein komplizierter Prozeß, der über verschiedene Vermittlungsglieder erfolgt, deren Kenntnis auch für die Konkretisierung des Rechts von erheblicher Bedeutung ist.

Eine besondere Rolle in der Beziehung gesellschaftliche Wirklichkeit-sozialistisches Recht spielt die Kategorie „Interesse".[17] Die Interessen sind „das vermittelnde Glied zwischen gesellschaftlichen Verhältnissen, ihren Gesetzen und Widersprüchen, den daraus hervorgehenden Erfordernissen der Entwicklung und dem Handeln der Menschen".[18] Deshalb nehmen sie auch ein zentrale Stellung ein, und zwar sowohl im Rechtsbildungsprozeß als auch bei der Konkretisierung von Rechtsnormen; bestehen doch die Vorzüge des sozialistischen Rechts als Leitungsinstrument des sozialistischen Staates vor allem darin, gesamtgesellschaftliche, kollektive und individuelle Interessen miteinander zu verbinden.[19]

Um das Handeln der Menschen zu beeinflussen, müssen die Interessen über ihre Erkenntnis hinaus zu ideellen Triebkräften, zu Verhaltensmotiven der Menschen werden; sie bilden in diesem Sinne eine spezifische Einheit von Objektivem und Subjektivem.[20] Für das sozialistische Recht bedeutet das, daß zunächst die objektiven Interessen der Arbeiterklasse in ihm widergespiegelt werden. Über seine Verwirklichung soll ihre Durchsetzung erfolgen. Das vollzieht sich aber wiederum nicht automatisch, sondern über das Bewußtsein und den Willen der herrschenden Arbeiterklasse sowie der Rechtsnormadressaten allgemein. Die Interessen werden zum Element des Rechtsbewußtseins, über das sie sowohl in die Rechtsbildung als auch in die Konkretisierung eingehen.

So wie bei der Einordnung der Konkretisierung des Rechts in das Verhältnis sozialistisches Recht-objektive Gesetze der gesellschaftlichen Entwicklung und der Betrachtung der Vermittlungsglieder immer wieder auf Aspekte der Rechtsbildungstheorie einzugehen war, so ist auch die Frage nach der *Notwendigkeit* der Konkretisierung von Rechtsnormen nur über die Rechtsbildungstheorie zu beantworten. Dabei ist es erforderlich, den Rechtsbildungsprozeß zunächst unter einem speziellen Aspekt zu betrachten, nämlich der Bildung der Rechtsnorm als einer generalisierten staatlichen Entscheidung.

Rechtsnormen entstehen durch das Verallgemeinern und Abstrahieren von bestimmten Sachverhalten. Darauf weist Marx hin, indem er feststellt, daß jegliches Recht seiner Natur nach nur in der Anwendung gleichen Maßstabs auf ungleiche Individuen bestehen kann, es also stets von bestimmten Besonderheiten in der gesellschaftlichen Entwicklung abstrahieren muß.[21] Allgemeinheit und Abstraktheit sind folglich notwendige Eigenschaften des Rechts. In der juristischen Literatur werden die beiden Begriffe häufig nebeneinander, ja sogar synonym verwandt.

Die Allgemeinheit der Rechtsnorm ergibt sich daraus, daß sie für eine unbestimmte Zahl gleichgearteter Fälle (zur mehrmaligen Anwendung also) gedacht ist und sich auf personell unbestimmte Subjekte erstreckt. Die Abstraktheit der Rechtsnorm dagegen besteht darin, daß sie von partiellen und zweitrangigen Seiten der von ihr geregelten Handlungen absieht.[22] Obwohl beides unterschiedliche Begriffsinhalte sind, stehen sie miteinander in Beziehung, ja sie überkreuzen sich sogar, wie im sowjetischen Lehrbuch der Staats- und Rechtstheorie treffend festgestellt wird.[23] Diese Verbindung der Eigenschaften bietet die Möglichkeit, beide in dem Begriff der *Generalisiertheit* des Rechts zu erfassen. Das um so mehr, da bei der unmittelbaren Ausführung beide Vorgänge miteinander verschmelzen, schwer zu trennen sind. Ausdruck dessen ist auch der Begriff der „verallgemeinernden Abstraktion". Sie kommt dadurch zustande, „... weil im Verlauf des Abstrahierens die Identität der Gegenstände dieser Klasse anhand der gemeinsamen Merkmale bestimmt wird".[24]

Abstraktionen halten das Wesentlich-Allgemeine der Gesellschaft, des Staates, der sozialen Revolution, des Bewußtseins usw. fest.[25] Das gilt m. E. sinngemäß für die Abstraktionen im Recht. Denn: Versteht man die Generalisiertheit in der dargestellten Einheit von Allgemeinheit und Abstraktheit, so ist sie Voraussetzung dafür, daß das sozialistische Recht Verhaltensmodell und Verhaltensmaßstab für das Handeln der Menschen sein kann. Davon ausgehend kann man feststellen, daß *Generalisierung und Konkretisierung* sich im Recht einander bedingen, ja daß sie in gewisser Weise komplementäre Begriffe sind.

Darüber hinaus ist aber das Problem der Notwendigkeit der Generalisierung — und folgerichtig auch der Konkretisierung — unter einem weiteren Aspekt zu sehen, nämlich im Zusammenhang damit, daß das sozialistische Recht — wie dargestellt — über die Vermittlungsglieder „Interessen der Arbeiterklasse" und „staatlicher Wille" objektive Gesetze bzw. ihre Erfordernisse durchsetzen soll und kann.

Die Durchsetzung objektiver Gesetze und ihrer Erfordernisse mit Hilfe des sozialistischen Rechts reduziert sich keinesfalls auf deren bloße Erkenntnis und adäquate Widerspiegelung im Recht. Dieser Prozeß ist bedeutend komplizierter. Da die objektiven Gesetze selbst eine dialektische Erscheinung sind und unter jeweils konkreten Wirkungsbedingungen auftreten, muß die rechtliche Fixierung vor allem auf jenen Charakter der Wirkung einer entsprechenden Gesetzmäßigkeit orientieren, der in den existierenden Bedingungen hervortritt.[26] Gleichzeitig muß sie auch auf zu erwartende Veränderungen dieser Bedingungen eingestellt sein.

Um eben diese Veränderungen in den Wirkungsbedingungen zu erfassen, muß das sozialistische Recht notwendigerweise einen bestimmten Generalisierungsgrad (Allgemeinheits- und Abstraktionsgrad) besitzen, und nicht etwa *nur* deshalb, weil die objektive Realität so vielgestaltig ist, daß es unmöglich ist, alle einzelnen Fälle zu erfassen. Nur so kann das sozialistische Recht Verhaltensmodell für das Handeln der Menschen zur Durchsetzung objektiver Gesetze sein. In dieser „bewußten" Generalisiertheit, diesem bewußten Erfassen der Dynamik der gesellschaftlichen Verhältnisse besteht m. E. auch ein qualitativer Unterschied der Notwendigkeit der Generalisierung sowie auch der Konkretisierung für das sozialistische Recht im Vergleich zum bürgerlichen Recht.

Aufgabe des Gesetzgebers ist es, einen solchen Generalisierungsgrad festzulegen, daß die Rechtsnorm weder zur kasuistischen noch zur unbestimmten, subjektivistischen Einflüssen Raum bietenden Regel wird. Hierbei kann der Grad der Generalisierung vom Gesetzgeber entsprechend den Erfordernissen der zu regelnden gesellschaftlichen Verhältnisse unterschiedlich festgelegt werden (z. B. jus dispositivum oder jus cogens). Auf jeden Fall ist es ein Ausdruck der immer stärker sich entfaltenden sozialistischen Demokratie bei der Gestaltung der entwickelten sozialistischen Gesellschaft, daß die Rechtsnormen mit einem größeren Abstraktionsgrad und somit größerem Entscheidungsraum für den Rechtsnormadressaten immer mehr an Bedeutung gewinnen.[27] Es gibt also sehr abstrakte Rechtsnormen und weniger abstrakte; Ausgangspunkt für das Wirken des Rechts ist aber immer die Rechtsnorm als eine generalisierte staatliche Entscheidung. Da jede Rechtsnorm generalisiert ist, muß auch jede Rechtsnorm (mehr oder weniger) konkretisiert werden, um in konkretes Handeln (Tun oder Unterlassen) umgesetzt werden zu können.

Soweit zur Notwendigkeit der Konkretisierung von Rechtsnormen.

Was macht aber nun den Inhalt der Konkretisierung des Rechts aus?

Die Konkretisierung ist keinesfalls die bloße Umkehrung der Generalisierung, denn das würde sie auf eine formalistische Betrachtung reduzieren. Sie ist — wie Klenner zur Rechtsanwendung sagt — mehr als das Nach-Denken eines Vor-Gedachten.[28] Der Inhalt der Konkretisierung sozialistischer Rechtsnormen läßt sich definieren als das Betrachten des individuellen Sachverhalts innerhalb *der konkreten rechtlich geregelten gesellschaftlichen Verhältnisse zum Zeitpunkt der Rechtsanwendung bzw. Rechtsverwirklichung*. Je nach dem Generalisierungsgrad der Rechtsnorm hat der Rechtsnormadressat bzw. der Rechtsanwender einen mehr oder weniger großen Rahmen, in dem er seine Entscheidung zum Handeln treffen und dabei u. a. auch im Rahmen der Rechtsnorm die Veränderungen in den Wirkungsbedingungen der objektiven Gesetze berücksichtigen kann und muß. Nur so kann das sozialistische Recht zur Durchsetzung objektiver Gesetze und ihrer Erfordernisse wirksam beitragen.

Die Konkretisierung ist also ein objektiv notwendiger Vorgang (Prozeß) innerhalb des Prozesses des Wirkens des sozialistischen Rechts, in dem die generalisierte Rechtsnorm unter dem Aspekt der konkret vorliegenden gesellschaftlichen Bedingungen betrachtet wird, um eine Entscheidung zu treffen, die eine höchstmögliche Wirksamkeit des sozialistischen Rechts garantiert. Hieraus ergibt sich auch ein wichtiger inhaltlicher Unterschied zur Verwendung des Begriffs „Individualisierung", den Wagner und Geisler synonym für die Kennzeichnung des Konkretisierungsprozesses verwenden wollen.[29] Der Begriff der Individualisierung dient in der marxistischen juristischen Literatur jedoch vorwiegend dazu, das Zuschneiden der generalisierten Aussagen der Rechtsnorm auf das entsprechende Individuum (Rechtssubjekt), z. B. den einzelnen Straftäter, zu bezeichnen.[30] „Individualisieren" wird also im Sinne von „auf das Individuum bezogen" verwandt.[31] Darum geht es bei dem hier dargestellten Prozeß der Konkretisierung nicht.

Uns geht es um die Berücksichtigung der konkret vorliegenden gesellschaftlichen Bedingungen, letztlich um das Berücksichtigen konkreter, aktueller Wirkungsbedingungen objektiver Gesetze. Um das Individuum als Rechtsnormadressat geht es nur insoweit, wie es in diesen Bedingungen angesiedelt ist. Das Konkrete, was bei der Konkretisierung auf die generalisierte Rechtsnorm bezogen zu berücksichtigen ist, ist nicht das Individuelle. Marx sagt: „Das Konkrete ist konkret, weil es die Zusammenfassung vieler Bestimmungen ist, also die Einheit des Mannigfaltigen."[32] Generalisierte Rechtsnormen konkretisieren, bedeutet, die unmittelbaren gesellschaftlichen Bedingungen und Verhältnisse, in denen der Einzelfall angesiedelt ist, in ihrer Komplexität zu betrachten. Auch insofern ist die Konkretisierung sozialistischer Rechtsnormen von der Individualisierung abzugrenzen.

Schließlich soll, ausgehend von der gegebenen Definition der Konkretisierung, zur Frage des Einbeziehens des Handelns der Rechtsnormadressaten Stellung genommen werden. Geisler und Wagner vertreten die Auffassung, daß die Individualisierung mit dem Einsetzen des Handelns beginnt.[33] Unserer Meinung nach erfaßt die Konkretisierung *nicht das Handeln* der Rechtsnormadressaten, sondern liegt genau *zwischen* der Rechtsnorm und dem Handeln, ist sie *Voraussetzung* für das Handeln. Ergebnis der Konkretisierung ist eine Entscheidung, die wiederum Grundlage für das Handeln (Tun oder Unterlassen) sein kann. Aus unserer Sicht existieren keine Gründe, das Handeln der Rechtsnormadressaten, das ja eindeutig in der Theorie klassifiziert ist, in den Begriff der Konkretisierung einzubeziehen.

Ein letzter in diesem Zusammenhang zu beachtender Gesichtspunkt besteht darin, daß die Konkretisierung zwar einen individualisierenden Aspekt enthält, aber eben *nicht nur* den, sondern auch einen normierenden. Darüber hinaus — und das ist m. E. von besonderer Bedeutung — schließt man mit der von Geisler und Wagner dargelegten Art der Betrachtung die praktischen Probleme, z. B. die Frage nach einem System der Rechtsformen des Wirkens des sozialistischen Rechts, die mit der Theorie der Konkretisierung, der Konkretisierungsstufen erfaßt werden können, wieder aus. Die Frage der praktischen Bedeutung einer solchen Theorie scheint sich dann erneut zu stellen.

Faßt man die bisherigen Gedanken zusammen, so kann man die Konkretisierung als objektiv notwendigen Vorgang (Prozeß) innerhalb des Prozesses des Wirkens des Rechts bezeichnen, in dem die generalisierte Rechtsnorm unter dem Aspekt der konkret vorliegenden gesellschaftlichen Bedingungen betrachtet wird, um eine Entscheidung zu treffen, die eine höchstmögliche Wirksamkeit des sozialistischen Rechts garantiert (vgl. auch Abbildung 1).

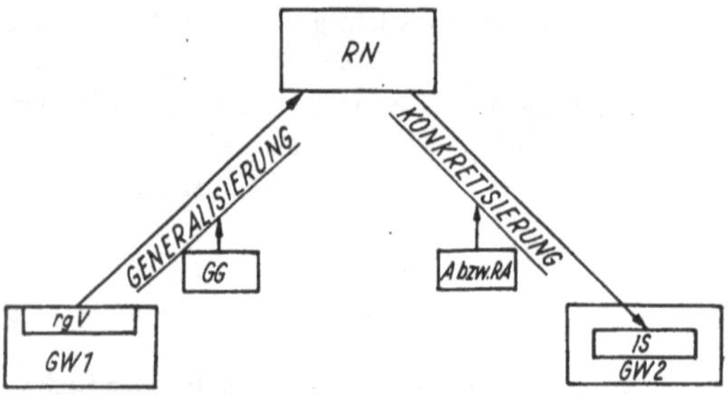

rgV — rechtlich zu regelnde gesellschaftliche Verhältnisse zum Zeitpunkt der Gesetzgebung
GW1 — gesellschaftliche Wirklichkeit zum Zeitpunkt der Gesetzgebung
GW2 — gesellschaftliche Wirklichkeit zum Zeitpunkt der Rechtsanwendung
GG — Gesetzgeber
RA — Rechtsanwender
RN — Rechtsnorm
IS — individueller Sachverhalt
A — Rechtsnormadressat

Abb. 1. Konkretisierung von Rechtsnormen

Die Konkretisierung als objektiv notwendiger Vorgang innerhalb des Prozesses des Wirkens des sozialistischen Rechts ist nicht an die Rechtsanwendung gebunden, obwohl sie aus der Sicht der Literatur, wenn überhaupt, dann hier zugeordnet wird. Sicher wird ihre Bedeutung innerhalb der Rechtsanwendung auch am faßbarsten. Aber auch im Zusammenhang mit dem Rechtsbildungsprozeß wird ab und zu der Begriff der Konkretisierung verwandt.

Nach meinem Dafürhalten liegt es im Ermessen des Gesetzgebers, in Form der Nachfolgegesetzgebung die Konkretisierung bestimmter rechtlicher Regelungen, insbesondere der Gesetze, vorzunehmen. Der Gesetzgeber behält sich teilweise schon in der rechtlichen Regelung selbst, z. B. im Gesetz, vor, konkretisierende Bestimmungen zu erlassen.[34] Aber auch ohne diese Ankündigungen ergehen viele *Verordnungen*, *Anordnungen*, *Durchführungsverordnungen*, *Beschlüsse* u. a., die allgemeinere rechtliche Regelungen konkretisieren. Deshalb sollte *diese* Art der Konkretisierung als *gesetzgeberische Konkreti-*

sierung[35] bezeichnet werden, um gewisse Abgrenzungslinien für weitere Untersuchungen festzulegen. Diese Art der Konkretisierung soll aber hier nicht weiter untersucht werden. Hier geht es um die Arten der Konkretisierung, die *außerhalb* des Rechtsbildungsprozesses liegen. Dabei soll noch einmal hervorgehoben werden, daß Generalisierung und Konkretisierung beide gleichermaßen für das Wirken des sozialistischen Rechts notwendig sind, weil das Recht nur so Verhaltensregulator, Anleitung zum konkreten Handeln der Rechtsnormadressaten sein kann. Deshalb kann man der im Lehrbuch „Familienrecht" geäußerten Auffassung, daß sich „das sozialistische Familienrecht . . . um eine Synthese zwischen allgemeinem Maßstab und der notwendigen Individualisierung des Rechts (bemühe)",[36] nicht zustimmen. Der allgemeine Maßstab (also auch die Generalisiertheit) ist kein „Makel" des sozialistischen Rechts, der etwa durch die Konkretisierung bzw. Individualisierung ausgeglichen werden müßte. Das Gegenteil ist der Fall. Beide, Generalisierung und Konkretisierung, sind für das Wirken des sozialistischen Rechts objektiv notwendige Prozesse; nur über sie kann das sozialistische Recht solche Eigenschaften aufweisen, die es ermöglichen, das Handeln der Rechtsnormadressaten zu beeinflussen. Insofern ist es m. E. auch berechtigt zu sagen, daß jede Rechtsnorm, da sie eine *generalisierte* Leitungsentscheidung darstellt, konkretisiert werden muß, um ein ganz bestimmtes Handeln zu erreichen. Das bedeutet, daß es auch eine Konkretisierung im Prozeß der Realisierung des sozialistischen Rechts unmittelbar durch den Rechtsnormadressaten — also ohne Zwischenschaltung eines staatlichen Organs — gibt. Hier objektiviert sich die Konkretisierung der entsprechenden Rechtsnorm oder des Rechtsinstituts nicht in einer bestimmten Form, sondern ist Bestandteil des im Rechtsbewußtsein ablaufenden Prozesses der Entscheidungsfindung.

Darüber hinaus spielt die Konkretisierung im Prozeß der Rechtsanwendung, wie bereits angedeutet wurde, eine bedeutende Rolle. Die *rechtsanwendende Konkretisierung* läßt sich wiederum unterteilen in:

a) Konkretisierung durch die richterlichen Rechtsanwendungen (Gerichtspraxis),
b) Konkretisierung im Bereich der staatlichen Verwaltung,
c) Konkretisierung im Bereich der Wirtschaftsleitung.

Mit dieser Differenzierung werden bereits hier Ergebnisse von Untersuchungen vorweggenommen, die zeigten, daß zwar Gemeinsamkeiten bei der rechtsanwendenden Konkretisierung bestehen, aber auch solche Spezifika, die eine differenzierte Untersuchung und Darstellung rechtfertigen bzw. erfordern.

Schließlich sei noch auf eine weitere Möglichkeit der Differenzierung der Konkretisierung des sozialistischen Rechts verwiesen, nämlich der Konkretisierung

a) allgemein, bei jeder Rechtsnorm, und
b) bei Rechtsnormen, die Bewertungsbegriffe enthalten.

Kriterium dieser Differenzierung ist das Ausmaß der Konkretisierung, der Stellenwert, den die Konkretisierung hier jeweils im Prozeß des Wirkens des sozialistischen Rechts einnimmt.

2.2. Zum Verhältnis von Konkretisierung und Auslegung. — Ist die „Konkretisierung" ein neuer Terminus für „Auslegung"?

Die Konkretisierung steht zweifellos im engen Zusammenhang mit der Auslegung des sozialistischen Rechts. Das wird beim Umreißen ihrer Inhalte sofort deutlich. Verschiedentlich — wenn überhaupt Kenntnis von der Konkretisierung genommen wird —

wird diese sogar auf die Auslegung reduziert und das häufig in Verbindung mit solchen Konkretisierungsstufen, wie sie die Rechtssätze und Richtlinien des Obersten Gerichts u. ä. Leitungsakte darstellen. Es entsteht somit die Frage, ob mit der Einführung des Begriffs „Konkretisierung" nicht ein bereits erkannter und bezeichneter Prozeß im Wirken des sozialistischen Rechts nur umbenannt wurde.

Nach meiner Auffassung — das vorab — müssen Auslegung und Konkretisierung voneinander unterschieden werden, weil beide Begriffe zwar miteinander in Verbindung stehende, aber verschiedene Prozesse bzw. Tätigkeiten abbildende, selbständige Inhalte erfassen. Das gilt es im folgenden zu erläutern.

Die Auslegung ist „eine auf die Erkennung des geltenden Rechts gerichtete Tätigkeit, deren Zielsetzung darin besteht, im Wege der Interpretation des Wesens der Rechtsnorm also jenes verpflichtende Verhalten zu erschließen, das vom Recht in den einzelnen Rechtsnormen vorgeschrieben wird".[37] *Kern* der Auslegung ist also die Erschließung des Wesens der Rechtsnorm, d. h. letztlich das Erkennen des in der Rechtsnorm niedergelegten staatlichen Willens.[38]

Diese Meinung ist, mit gewissen Akzentverschiebungen, einheitlich in der marxistisch-leninistischen juristischen Literatur anzutreffen. Die vorhandenen Akzentverschiebungen beziehen sich auf die Kategorie des staatlichen Willens, den es zu erschließen gilt. So wird als Kern der Auslegung die Erkenntnis jenes Willens, der die Arbeiterklasse zur Aufstellung der Rechtsnorm veranlaßte,[39] die Erschließung des Willens des Gesetzgebers[40] oder auch das Erkennen des Inhalts des in den Rechtsvorschriften zum Ausdruck kommenden Klassenwillens bezeichnet.[41] Das ist nicht falsch, aber eigentlich eine „Kurzformel". In einer wissenschaftlichen Definition der Auslegung des sozialistischen Rechts sollte kenntlich gemacht werden, daß es um die Erschließung des *staatlichen Willens* geht, der die Interessen der herrschenden Arbeiterklasse und ihrer Verbündeten zum Ausdruck bringt.

Die jeweils herrschende Klasse ist an der Erhaltung bzw. Entwicklung der bestehenden ökonomischen, politischen und anderen Verhältnisse in der Gesellschaft interessiert, deshalb organisiert sie sich als Staat, dessen Organe nicht nur das Vorrecht der Schaffung von Rechtsnormen besitzen, sondern auch eine ausreichende materielle Kraft zur Gewährleistung ihrer Realisierung. Marx und Engels stellten fest: „Die unter diesen Verhältnissen herrschenden Individuen müssen, abgesehen davon, daß ihre Macht sich als Staat konstituieren muß, ihrem durch diese bestimmten Verhältnisse bedingten Willen einen allgemeinen Ausdruck als Staatswillen geben, als Gesetz . . ."[42] In diesem Sinne sind Klassenwille und staatlicher Wille nicht identisch, sie besitzen zwar den gleichen Inhalt, unterscheiden sich aber z. B. in ihren Realisierungsmöglichkeiten. Erst wenn der Klassenwille zum staatlichen Willen erhoben wird, wird er zum Recht und damit u. a. allgemeinverbindlich und auch zwangsweise durchsetzbar. Läßt man diese Fakten außer acht, unterschätzt man im gewissen Sinne die Bedeutung des sozialistischen staatlichen Willensbildungsprozesses.

Den dargelegten Anforderungen wird m. E. die Definition der Auslegung im sowjetischen Lehrbuch gerecht, in dem es heißt: „Die Auslegung der Normen des sozialistischen Rechts ist die auf die Feststellung des Inhalts der Normativakte und die Aufdeckung des in ihnen ausgedrückten Staatswillens gerichtete Tätigkeit staatlicher Organe, gesellschaftlicher Organisationen und einzelner Bürger."[43]

Was aber heißt, den staatlichen Willen erschließen? Letztlich wird versucht, die über die Interessen der Arbeiterklasse in den staatlichen Willen vermittelte Widerspiegelung der objektiven gesellschaftlichen Gesetzmäßigkeiten und ihrer Erfordernisse bzw. Wirkungsbedingungen zu ergründen. Es werden die gesellschaftlichen Erfordernisse erschlossen, zu deren Durchsetzung die jeweilige Rechtsnorm erlassen wurde. Nicht zustimmen kann man m. E. der Meinung, daß „immer der *gegenwärtig* im Recht zum Ausdruck kommende Klassenwille von dem Auslegenden erkannt und nicht lediglich der Inhalt des Willens zum Zeitpunkt des Erlasses der auszulegenden Rechtsvorschriften ermittelt werden (muß) . . ."[44] Hier werden die Prozesse der Auslegung und der Konkretisierung miteinander verwischt. Der in der jeweiligen Rechtsnorm zum Ausdruck gebrachte staatliche Wille ist *keine* variable Größe, die bestimmten aktuellen Interpretationsnotwendigkeiten angepaßt wird. Seine Erschließung setzt zunächst den Rahmen für die Anwendung der Rechtsnorm. Dieser Rahmen ist und bleibt, solange die Rechtsnorm in Kraft ist, konstant. Mit ihm werden sozusagen die Grenzen für die Auslegung gezogen; seine Erkenntnis ist somit — auch im Interesse der Wahrung der sozialistischen Gesetzlichkeit — eine wichtige Garantie dafür, daß die Rechtsanwendung keine Aufgaben übernimmt, die nur der Rechtsbildung zustehen:

Doch mit der Erschließung des staatlichen Willens, des Rahmens der Rechtsnorm ist die Auslegung nicht abgeschlossen; es wird nur eine, allerdings eine sehr wesentliche Seite der Auslegung erfaßt. Eine weitere Seite oder Phase der Auslegung ergibt sich aus der objektiv notwendigen Entwicklung der der Rechtsnorm zugrunde liegenden gesellschaftlichen Verhältnisse. Zu diesen gesellschaftlichen Verhältnissen treten im Laufe der Entwicklung neue Elemente hinzu, sie entwickeln sich. Neue gesellschaftliche Verhältnisse, die zu denen, die der Rechtsnorm zugrunde liegen, in irgendeiner Beziehung stehen, entwickeln sich, oder es entstehen auch neue gesellschaftliche Verhältnisse, die zu keinen durch die Rechtsnorm bisher geregelten gesellschaftlichen Verhältnissen in Beziehung stehen.

Hier ergibt sich die Frage: Umfaßt der durch das Erschließen des staatlichen Willens erkannte Rahmen der Rechtsnorm noch diese veränderten oder neuen gesellschaftlichen Verhältnisse? Es geht hierbei in der Tat auch um völlig neue gesellschaftliche Verhältnisse und nicht nur, wie Szabó meint, um neue Elemente der schon geregelten gesellschaftlichen Verhältnisse.[45] Diese Konsequenz muß man ziehen, wenn man den prognostischen Charakter des Rechts anerkennt.[46]

Das aufgeworfene Grundproblem wird zudem durch ein weiteres Anliegen der Auslegung sozialistischer Rechtsnormen, nämlich durch die „soziale Funktion der so erschlossenen Rechtsnorm"[47] erfaßt. In dieser Phase der Auslegung (also der sozialen Funktion der Auslegung nach Klenner oder der Beachtung der geschichtlichen Entwicklung der Rechtsnormen nach Szabó)[48] muß es darum gehen, die konkreten Wirkungsbedingungen der objektiven Erfordernisse, zu deren Durchsetzung die Rechtsnorm erlassen wurde, die in der Entwicklung und Veränderung der der Rechtsnorm zugrunde liegenden gesellschaftlichen Verhältnisse sichtbar werden, zu erkennen.

Bei der Betrachtung des Verhältnisses von Konkretisierung und Auslegung ist es wichtig, auch auf die Notwendigkeit der Auslegung einzugehen. In der Literatur wird die Notwendigkeit der Auslegung, wenn überhaupt, dann ähnlich wie bei der Generalisierung und Konkretisierung mit dem Hinweis auf die Allgemeinheit oder Abstraktheit des Rechts erklärt. Diese Formulierung ist m. E. so unzureichend. Die Begründung läuft häufig allein darauf hinaus, daß man auf Grund der Vielgestaltigkeit des gesellschaftlichen Seins eine unendliche Anzahl von Rechtsnormen brauchen würde, um alle rechtlich zu regelnden gesellschaftlichen Verhältnisse zu erfassen. Da das objektiv unmöglich ist, müsse die Rechtsnorm notwendig abstrakt sein und deshalb ausgelegt werden.

Darüber hinaus erscheint es aber erforderlich, die Gründe für die Notwendigkeit der Auslegung auch darin zu sehen, daß die der Rechtsnorm zugrunde liegenden gesellschaftlichen Verhältnisse sich, wie oben und bei der Erörterung der Notwendigkeit von Generalisierung und Konkretisierung ausgeführt, in einer ständigen Entwicklung und Veränderung befinden und die Rechtsnorm „bewußt" allgemein und abstrakt ist, um eine gewisse Entwicklung und Veränderung erfassen zu können. Um nun zu klären, inwieweit die Rechtsnorm diese Entwicklung und Veränderung noch erfaßt und wie im gegebenen Fall auf dieser Grundlage das angestrebte Ziel des Gesetzgebers erreicht wird, ist die Auslegung erforderlich. Notwendige Folge ist, daß die Auslegung einer Rechtsnorm niemals endgültig abgeschlossen ist. So wie sich die der Rechtsnorm zugrunde liegenden gesellschaftlichen Verhältnisse entwickeln, wie sich die Wirkungsbedingungen der objektiven Gesetzmäßigkeiten der gesellschaftlichen Entwicklung verändern, so kann und muß sich die Auslegung der Rechtsnorm, wenn diese Veränderungen vom Rahmen der Rechtsnorm erfaßt werden, auch ändern.

Im sowjetischen Lehrbuch Marxistisch-leninistische allgemeine Theorie des Staates und des Rechts wird die Auslegung unter zwei Aspekten betrachtet, und zwar einmal als innerer Denkprozeß des Auslegenden, d. h. als Klärung des Sinns der Rechtsnorm, und einmal als äußerlich ausgedrückte „Erläuterung" des Inhalts der Rechtsnorm.[49] Auslegung im Sinne von „Erläuterung" muß danach stets objektiviert sein, und zwar in Form eines offiziellen Aktes des zuständigen Organs oder in Form von Empfehlungen und Ratschlägen gesellschaftlicher Organisationen oder Einzelpersonen. Die Auslegung läßt sich allgemein in die *offizielle* und in die *inoffizielle* Auslegung einteilen.[50] Das ist also eine Einteilung nach den Konsequenzen der Auslegung.

Zur offiziellen Auslegung zählt die normative und die kasuale Auslegung. Unter normativer Auslegung wird die Erläuterung anhand der Rechtsnorm verstanden. Sie erfolgt gewöhnlich dann, wenn Schwierigkeiten bei der Anwendung der Norm auftreten, und ist für alle Personen und Organe, die zum Zuständigkeitsbereich des Auslegungsorgans gehören, verbindlich.

Eine spezielle Art der normativen Auslegung ist die authentische Auslegung, d. h. die Auslegung, die durch das Organ erfolgt, das die Rechtsnorm aufgestellt hat. Hierzu zählt die Auslegung eines grundlegenden Gesetzes durch die Volkskammer.[51]

Eine weitere Art der normativen Auslegung ist die legale Auslegung. Sie erfolgt durch ein speziell dazu bevollmächtigtes Organ und ist nur für den speziellen Zuständigkeitsbereich dieses Organs verbindlich. Hierzu zählt die durch das Oberste Gericht der DDR nach § 20 (2) des Gerichtsverfassungsgesetzes vorzunehmende offizielle normative Auslegung, die in einem besonderen Akt zu erfolgen hat und die für alle nachgeordneten Gerichte verbindlich ist. Eine genaue Festlegung, in welcher Form diese Auslegung des Obersten Gerichts zu erfolgen hat, gibt es nicht. Allerdings wird vom Obersten Gericht der Inhalt seiner Richtlinien und Beschlüsse als Auslegung bezeichnet,[52] was den Umkehrschluß zuläßt, daß die Richtlinien und Beschlüsse des Obersten Gerichts auch eine Form der offiziellen normativen Auslegung durch das Oberste Gericht sind.

Die zweite Art der offiziellen Auslegung, die kasuale Auslegung, ist die Erläuterung des Sinns der Rechtsnorm in Verbindung mit der Verhandlung einer konkreten Sache. Sie ergeht in der Regel durch ein Gerichtsorgan und ist nur für die unmittelbar am Verfahren Beteiligten verbindlich. Unterschiedliche Meinungen gibt es zur Verbindlichkeit der in den Entscheidungen des Obersten Gerichts vorgenommenen Auslegung; darauf wird allerdings noch an anderer Stelle näher eingegangen.

Zusammenfassend läßt sich feststellen, daß die offizielle Auslegung in bezug auf das Auslegungsergebnis verbindlich sein kann:

a) für den Einzelfall (kausale Auslegung — z. B. Gerichtsurteil),
b) für bestimmte andere Vorgänge (legale Auslegung — z. B. Richtlinien des Obersten Gerichts, die für das Gerichtssystem verbindlich sind),
c) allgemeinverbindlich (z. B. authentische Auslegung durch die Volkskammer).[53]

Unter *inoffizieller* Auslegung wird die Auslegung durch gesellschaftliche Organisationen, wissenschaftliche Einrichtungen, einzelne Wissenschaftler und Staatsfunktionäre verstanden. Diese Auslegung ist nicht verbindlich, hat aber in der Praxis große Bedeutung, die vor allem aus der Überzeugungskraft dieser Auslegung und der Autorität der Auslegenden resultiert.[54] Das trifft hauptsächlich auf die Auslegung durch die Rechtswissenschaft (doktrinale Auslegung) zu, die in Gesetzeskommentaren, Monographien, Artikeln usw. erfolgt. Diese Auslegungsart spielt in der Rechtspraxis, wie die Untersuchungen auch zur Konkretisierung zeigten, eine sehr große Rolle. Das wird allein beim Verfolgen der in der „Neuen Justiz" veröffentlichten Entscheidungen des Obersten Gerichts offensichtlich. Verweisungen innerhalb von Urteilsbegründungen des Obersten Gerichts auf Gesetzeskommentare, Lehrbücher und Artikel sind in bestimmten Rechtszweigen, wie z. B. im Familienrecht, ausgesprochen häufig. Es bedarf m. E. einer gründlichen Untersuchung, unter welchen Bedingungen das dem Einbringen neuer wissenschaftlicher Erkenntnisse dient oder, überspitzt ausgedrückt, unter welchen Bedingungen diesen Meinungen die Autorität zugesprochen wird, die nur einer Rechtsnorm oder einer Auslegung durch den Gesetzgeber selbst zukommt. Die bisherigen Darlegungen machen — setzt man sie in Beziehung zu den an anderer Stelle gemachten Ausführungen zur Konkretisierung — allein von den berührten Problemkreisen her deutlich, daß ein enger Zusammenhang zwischen der Auslegung und den Problemen der Konkretisierung sowie auch ihren Ergebnissen besteht.

Diesen Zusammenhang detaillierter zu untersuchen — evtl. Identität — sowie auch Grenzbereiche beider Prozesse festzulegen, dienen die in der sowjetischen Literatur dazu in den letzten Jahren anzutreffenden Meinungen.[55] Čerdancev, der die Konkretisierung der Rechtsnorm zunächst als einen wichtigen Denkvorgang zur Erschließung des Sinns der Rechtsnorm bezeichnet, kommt zu der Aussage, daß die Konkretisierung als Prozeß der Herausführung konkreterer Bestimmungen aus der allgemeinen Rechtsnorm der Prozeß der Auslegung selbst ist und nicht mehr. „Irgendwelche spezifischen Denkprozesse im Wege der Konkretisierung der Rechtsnorm, außerhalb der Prozesse der Auslegung, gibt es nicht."[56] Andere Autoren wiederum bejahen zwar die Existenz eines eigenständigen Prozesses der Konkretisierung, schränken ihn aber auf die Fälle ein, in denen die Rechtsnormen Bewertungsbegriffe enthalten.[57] Wieder andere Autoren betrachten die Auslegung und die Konkretisierung als untrennbar verbundene Begriffe, wobei für sie die Auslegung die Erkenntnis des Gesetzes mit Hilfe der Konkretisierung ist. Man könnte die unterschiedlichen Meinungen noch ergänzen — es scheint, daß die Anzahl der verschiedenen Standpunkte der Anzahl der theoretischen Zuordnungsmöglichkeiten von Auslegung und Konkretisierung entspricht.

Die Ursache für die Mannigfaltigkeit der Meinungen liegt offensichtlich in der unterschiedlichen Ausgangsbestimmung der Begriffe „Konkretisierung" und „Auslegung". Zugleich ist aber auch nur über ihre eindeutige Bestimmung ein Ansatz zur Klärung des Verhältnisses von Auslegung und Konkretisierung möglich. Deshalb erschien auch hier eine ausführliche Begriffsbestimmung der Auslegung als notwendig. Zusammenfassend läßt sie sich wie folgt darstellen:

Ohne das Erfassen des Klasseninhalts einer Rechtsnorm, ihrer sozialen Funktion — was das Grundanliegen der Auslegung ist — kann man die Rechtsnorm nicht auf den einzelnen Fall anwenden, kann man sie also auch nicht konkretisieren. Insofern ist die Auslegung der Rechtsnorm *Voraussetzung* für deren Konkretisierung. In bestimmten Fällen der Konkretisierung, in denen geprüft werden muß, ob die vorliegende konkrete Situation vom Rahmen der Rechtsnorm erfaßt wird — die Feststellung des Rahmens der Rechtsnorm ist, wie oben dargelegt, ebenfalls ein Ergebnis der Auslegung —, wird die Auslegung zum *Bestandteil* des Prozesses der Konkretisierung. Das trifft vor allem dann zu, wenn die auf den einzelnen Fall zu konkretisierende Rechtsnorm einen Bewertungsbegriff enthält. Insofern kann man also feststellen, daß sowohl der Begriff der Konkretisierung als der der Auslegung des sozialistischen Rechts ihre Existenzberechtigung in der marxistisch-leninistischen Rechtstheorie besitzen.

3. Konkretisierungsstufen als notwendige Rechtsformen im Wirkungsprozeß des Rechts

3.1. Wesen und Funktion von Konkretisierungsstufen des sozialistischen Rechts

Das Wesen von Konkretisierungsstufen hängt eng mit den objektiven Gründen für die Notwendigkeit der Konkretisierung sozialistischer Rechtsnormen zusammen, die bereits ausführlich dargelegt wurden. Eine der wichtigsten Seiten der Konkretisierung besteht darin, angesichts konkreter Situationen die Übereinstimmung zwischen dem sozialistischen Recht und der gesellschaftlichen Wirklichkeit, die in der sozialistischen Rechtsbildung durch die Ableitung der Rechtsnorm aus der gesellschaftlichen Realität zunächst prinzipiell hergestellt wird, fortzusetzen. Das ist unter zwei Aspekten wichtig, nämlich *erstens*, weil jede Rechtsnorm eine *generalisierte* Leitungsentscheidung ist, also zunächst von den konkreten Umständen und Bedingungen der gesellschaftlichen Wirklichkeit abstrahiert bzw. diese verallgemeinert. Die Konkretisierung der Rechtsnorm erfolgt aber wieder unter ganz konkreten Umständen und Bedingungen. Der *zweite* Aspekt besteht darin, daß zwischen Rechtsbildung und Konkretisierung ein mehr oder weniger großer *Zeitraum* liegen kann, in dem sich die der Rechtsnorm zugrunde liegenden gesellschaftlichen Verhältnisse entwickelt, verändert haben können. Insofern ist es notwendig, im Prozeß der Konkretisierung der sozialistischen Rechtsnormen wieder die Frage nach ihrer ständigen Übereinstimmung mit der gesellschaftlichen Wirklichkeit zu stellen. Dieser Problemkreis erfährt seine spezifische Bedeutung, wenn die Ergebnisse, die Objektivierungen des Konkretisierungsprozesses näher untersucht[1] werden und nach ihren Grundlagen und Voraussetzungen gefragt wird.

Die Konkretisierung im Rechtsanwendungsprozeß hat verschiedene Ergebnisse, nicht nur den Individualakt. Allein die Vielzahl der in der Praxis bekannten und wirkenden Ergebnisse der Konkretisierung wie Rechtssätze, Richtlinien und Beschlüsse des Obersten Gerichts oder grundsätzliche Feststellungen des Vorsitzenden des Staatlichen Vertragsgerichts weist darauf hin. Diese sind *allgemeiner als Individualakte*, aber *konkreter als Rechtsnormen.* All diese juristischen Akte haben mit den Individualakten gemeinsam, daß sie auf der Grundlage einer Rechtsnorm oder Rechtsnormengruppe entwickelt werden und diese konkretisieren. Dennoch begründen sie — und das haben sie mit den Rechtsnormen im Unterschied zu den Individualakten gemeinsam — selbst keine konkreten Rechte und Pflichten für bestimmte Rechtsnormadressaten. Um die Charakteristik dieser juristischen Akte, die Zwischenglieder innerhalb der Beziehung Rechtsnorm — Individualakt sind, nicht zu verwischen, wird eben die Bezeichnung „Konkretisierungsstufen" vorgeschlagen. Meines Erachtens ist es an der Zeit, die Frage zu stellen, ob diese in der Rechtspraxis teilweise mit großer Intensität wirkenden Zwischenglieder — es kommt vor, daß Entscheidungen im Rechtsanwendungsprozeß insbesondere zu Bewertungsbegriffen auf ihrer Grundlage ergehen, ohne daß noch nach der ihnen zugrunde liegenden Rechtsnorm gefragt wird — nicht ein System der Rechtsfragen des Wirkungsprozesses des sozialistischen Rechts darstellen.

Bei der Rechtsbildung abstrahiert der Gesetzgeber, wie aus Abbildung 2 ersichtlich, mittels Generalisierung von der konkreten gesellschaftlichen Wirklichkeit (GW1) bzw. verallgemeinert bestimmte Seiten. Je nach Generalisierungsgrad hat der Rechtsanwender im Konkretisierungsprozeß der Rechtsnorm einen mehr oder weniger großen Rahmen, in dem er für den vorliegenden individuellen Sachverhalt (IS) seine individuelle Entscheidung treffen muß. Dabei muß er mögliche Entwicklungen und Veränderungen in den rechtlich geregelten gesellschaftlichen Verhältnissen (Entwicklung von GW1 zu GW2) berücksichtigen. Das ist — abhängig vom Generalisierungsgrad der Rechtsnorm — ein komplizierter Prozeß, in dessen Verlauf den Konkretisierungsstufen eine große Bedeutung zukommt. Sie werden auf der Grundlage und im Rahmen der Rechtsnorm sowie der Analyse der gesellschaftlichen Wirklichkeit zum Zeitpunkt der Rechtsanwendung (GW2) entwickelt. Ihre Funktion besteht darin, daß sie bestimmte Kriterien und Richtwerte für die Konkretisierung bestimmter Rechtsnormen (vor allem derjenigen, die einen großen Generalisierungsgrad, d. h. einen großen Entscheidungsraum besitzen) in einer konkreten Etappe der gesellschaftlichen Entwicklung geben. Konkretisierungsstufen stellen in diesem Sinne *Vermittlungsglieder* zwischen der Rechtsnorm und der gesellschaftlichen Wirklichkeit dar.

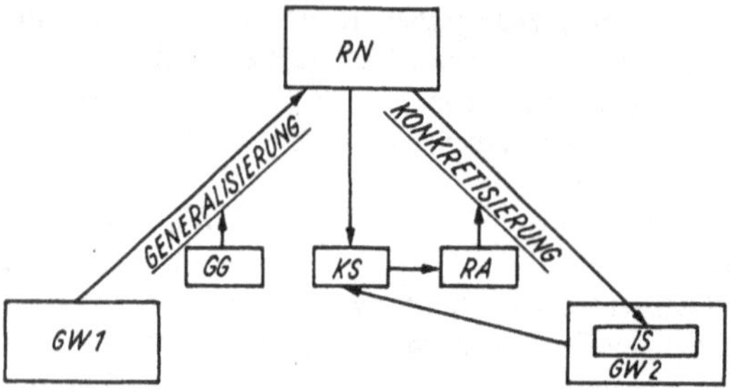

GW1 — gesellschaftliche Wirklichkeit zum Zeitpunkt der Gesetzgebung
GW2 — gesellschaftliche Wirklichkeit zum Zeitpunkt der Rechtsanwendung
GG — Gesetzgeber
RA — Rechtsanwender
RN — Rechtsnorm
KS — Konkretisierungsstufen (z. B. Rechtssätze, Richtlinien des Obersten Gerichts, Grundsätzliche Feststellungen des Vorsitzenden des Staatlichen Vertragsgerichts usw.)
IS — individueller Sachverhalt

Abb. 2. Stellung der Konkretisierung im Wirkungsprozeß des Rechts

Die für das Entwickeln von Konkretisierungsstufen notwendige gesamtgesellschaftliche Analyse der gesellschaftlichen Wirklichkeit findet sich vor allem in den Dokumenten der marxistisch-leninistischen Partei. Sie bilden deshalb die *Grundlage* für die Erarbeitung von Konkretisierungsstufen. Nur unter der Führung der Partei der Arbeiterklasse ist die

Widerspiegelung objektiver Erfordernisse der gesellschaftlichen Entwicklung im sozialistischen Recht möglich und damit gleichzeitig die Ausrüstung des Rechts zu einem wirklichen Instrument der bewußten Gestaltung der sozialistischen Gesellschaft. Das ist die eine Seite. Aber auch das Erfassen der Entwicklung der gesellschaftlichen Verhältnisse, die der Rechtsnorm zugrunde liegen, die Einschätzung der gesellschaftlichen Entwicklung in der jeweiligen konkreten Etappe des sozialistischen bzw. kommunistischen Aufbaus ist nur unter Führung der Partei möglich. Das wiederum ist die Grundlage für die Konkretisierung sozialistischer Rechtsnormen, speziell für die Berücksichtigung der gesellschaftlichen Wirklichkeit zum Zeitpunkt der Anwendung und des konkreten Wirkens von Rechtsnormen in den Konkretisierungsstufen.

Die gesellschaftliche Zielstellung von Rechtsnormen, die im Rahmen der Rechtsnorm geändert, modifiziert werden kann, wird so in den Konkretisierungsprozeß hineingetragen. Dadurch werden die Konkretisierungsstufen zu einem staatlichen Leitungsinstrument, um die Dynamik des sozialistischen Rechts entsprechend den sich ändernden gesellschaftlichen Bedingungen zu gewährleisten. Das hat auch insofern Bedeutung für die Gesetzgebungstheorie, da bei bestimmten Rechtsinstituten zur Gewährleistung einer gewissen Stabilität und zugleich Dynamik des Rechtssystems vom Gesetzgeber Konkretisierungsstufen eingeplant werden können und müssen. Das trifft vor allem auf die Rechtsinstitute zu, deren Inhalt unmittelbar von sich dynamisch vollziehenden gesellschaftlichen Prozessen bestimmt wird oder abhängig ist, z. B. von der wissenschaftlich-technischen Revolution. Diese Rechtsinstitute enthalten häufig auch Bewertungsbegriffe.

So wurden z. B. im § 18 der Neuererverordnung die Merkmale eines Neuerervorschlages fixiert, wozu u. a. gehört, daß er geeignet sein muß, einen „wirtschaftlichen oder sonstigen Vorteil für die Gesellschaft (Nutzen)" zu erbringen. Die Verwendung eines relativ allgemeinen Begriffs des Nutzens sichert eine bestimmte Stabilität des Gesetzes und zugleich eine dynamische Reaktion auf gesellschaftliche Erfordernisse. Nur so ist es möglich, die auf Grund des Voranschreitens des wissenschaftlich-technischen Fortschritts, der ökonomischen Bedingungen insgesamt veränderten Anforderungen an den Nutzen eines Neuerervorschlages für die Gesellschaft auch für das Gesetz erfaßbar zu machen. Allerdings setzt dieser Bewertungsbegriff „Nutzen für die Gesellschaft" im Hinblick auf seine Anwendbarkeit auf bestimmte Sachverhalte oder Sachverhaltsgruppen bestimmte Konkretisierungsstufen voraus. Im vorliegenden Fall erfolgte dies zunächst im Wege der gesetzgeberischen Konkretisierung in Form eines Normaktivaktes, nämlich einer Anordnung (AO).[2] Darüber hinaus war aber dennoch eine Konkretisierungsstufe notwendig, die in Form einer Richtlinie des Obersten Gerichts erging.[3] Damit wurden bestimmte *einheitliche Kriterien* erarbeitet, nach denen zum *gegenwärtigen* Zeitpunkt der Inhalt des Begriffs „Nutzen für die Gesellschaft" zu bestimmen ist.

Konkretisierungsstufen können als staatliche Leitungsinstrumente charakterisiert werden, die auf der Grundlage von Rechtsnormen entwickelt werden und in ihrem Rahmen bestimmte einheitliche Kriterien und Richtwerte für ihre Anwendung und Verwirklichung enthalten. Sie können zur Stabilität und Dynamik des sozialistischen Rechtssystems beitragen und auf diese Weise die Durchsetzung der sozialistischen Gesetzlichkeit vervollkommnen.

Allerdings wäre es irrig, in den Konkretisierungsstufen ein „Allheilmittel" zur Gewährleistung von Stabilität und Dynamik des Rechtssystems sowie der sozialistischen Gesetzlichkeit zu sehen und etwa so viele wie irgend möglich zu schaffen. Das würde zum Gegenteil, nämlich zur Aufweichung der Gesetzlichkeit und zu Rechtsunsicherheit führen.

Vielmehr soll gezeigt werden, daß die Konkretisierungsstufen, wenn sie vom Gesetzgeber geplant sind und richtig gehandhabt werden, eine die angeführten Kategorien positiv beeinflussende Größe darstellen.

3.2. Weitere Überlegungen zu den Konkretisierungsstufen am Beispiel von Bewertungsbegriffen

3.2.1. Zur Stellung von Bewertungsbegriffen im Rechtssystem

Die bisherigen Untersuchungen zur Konkretisierung sozialistischer Rechtsnormen ergaben, daß es nur bis zu einem gewissen Grade möglich ist, verallgemeinernde Aussagen über das Konkretisierungsproblem an sich und die Konkretisierungsstufen speziell zu machen. Die Konkretisierung weist nämlich in der Praxis der einzelnen Bereiche des Wirkens des Rechts zum Teil erhebliche Unterschiede auf; das trifft besonders auf die gegebene funktionelle Stellung der Konkretisierungsstufen im rechtlichen Leitungsprozeß zu. Es sei hier nur auf die großen Unterschiede hinsichtlich des Rechtscharakters solcher Konkretisierungsstufen wie Arbeitsordnungen und Rechtssätze des Obersten Gerichts hingewiesen.

Bei der grundsätzlichen Betrachtung der Konkretisierung des Rechts und vor allem ihrer Ergebnisse in Form von Konkretisierungsstufen wird offensichtlich, daß sie eine besonders große Bedeutung im Falle des Vorliegens von Bewertungsbegriffen haben. Im gewissen Sinne kann man feststellen, daß die praktische Relevanz der Theorie der Konkretisierung des sozialistischen Rechts hier am deutlichsten wird und auch am größten ist. Eine Reihe von Fragestellungen, die mit der allgemeinen Theorie der Konkretisierung im Zusammenhang stehen, erreicht unter dem Aspekt der Bewertungsbegriffe gewissermaßen ihre äußerste Zuspitzung. Vor allem aus diesem Grunde wurde die Problematik der Bewertungsbegriffe und ihrer Konkretisierung unmittelbar in das Untersuchungsfeld einbezogen.

„Bewertungsbegriffe" sind — egal wie bezeichnet — weder eine Erfindung der marxistisch-leninistischen Rechtstheoretiker noch eine Erfindung der Gegenwart. Dennoch erfuhren sie erst in den letzten Jahren eine Renaissance. In die juristische Literatur der DDR wurde die Diskussion um Bewertungsbegriffe durch einen Artikel von W. N. Kudrjawzew erneut eingeführt.[4] Dem zuvor ging eine auch erst in den letzten Jahren wieder aufkommende Untersuchung der Bewertungsbegriffe durch einige sowjetische Rechtszweigwissenschaftler wie Baru, Kovalev und Frolov.[5] Unter speziell rechtstheoretischem Aspekt äußerte sich bisher dazu nur T. V. Kašanina.[6]

Die Existenz von Bewertungsbegriffen im sozialistischen Rechtssystem ist unumstritten. Daß sie von der Theorie über lange Zeit nicht bearbeitet wurden — dabei geht es um den Inhalt, der durch diesen Begriff erfaßt wird, und nicht um den Begriff an sich —, ist vor allem daraus zu erklären, daß

a) eine ganze Reihe dieser Begriffe zunächst durch ihre scheinbare Einfachheit besticht[7] und allein deshalb wissenschaftliche Untersuchungen überflüssig zu sein scheinen und

b) eventuell auftretende Probleme, die im Zusammenhang mit diesen Bewertungsbegriffen stehen, in die Auslegungstheorie eingeordnet wurden und insofern keiner weiteren Untersuchung zu bedürfen schienen.[8]

Betrachtet man Bewertungsbegriffe der verschiedensten Rechtszweige, so lassen sich diese in der Regel in zwei Gruppen einteilen, nämlich in *quantitative* und *qualitative* Bewertungsbegriffe.[9] Zu den quantitativen Bewertungsbegriffen, bei denen es um das Erreichen bestimmter Parameter auf der Grundlage einer bewertenden Orientierung des Gesetzgebers geht, zählen solche Begriffe wie „großer Schaden", „erheblich höherer Preis".[10] Qualitative Bewertungsbegriffe dagegen sind an das Vorhandensein bestimmter Eigenschaften, Merkmale oder das Erreichen eines bestimmten Zustandes gebunden, ohne daß der Gesetzgeber konkrete Parameter vorgibt. Zu solchen qualitativen Bewertungsbegriffen zählen Begriffe wie „im gesellschaftlichen Interesse liegend" § 111 ZGB, „zum vertragsgemäßen Gebrauch geeigneter Zustand" § 104 ZGB, „berechtigte Interessen des Käufers" § 152 Abs. 2 ZGB.

Bei der Klassifizierung bestimmter in Rechtsnormen enthaltenen Begriffe als Bewertungsbegriff ist zu beachten, daß es sich nur dann wirklich um einen Bewertungsbegriff handelt, wenn er im Gesetz selbst nicht weiter interpretiert oder erläutert wird. Vor allem in den Rechtsnormen des Strafrechts ist eine Reihe von Aussagen zu finden, die zunächst Bewertungsbegriffen entsprechen, die aber an anderer Stelle des Gesetzes erschöpfend erläutert werden und somit nicht den Charakter von Bewertungsbegriffen haben.

Wenn aber Bewertungsbegriffe schon immer existierten, stellt sich die Frage, woraus sich gegenwärtig die Aktualität dieser Problematik ergibt. Die Hinweise auf die Ergebnisse empirischer Untersuchungen, die einen Anstieg der Bewertungsbegriffe z. T. auf die doppelte Anzahl in fast allen neueren rechtlichen Regelungen belegen, sowie der dargestellte Bezug zu Fragen der Stabilität und Dynamik des Rechtssystems bedürfen einer detaillierteren Erläuterung.

Das Problem von Stabilität des sozialistischen Rechts und der Dynamik der gesellschaftlichen Entwicklung wurde in den letzten Jahren unter verschiedenen Aspekten erörtert. Zunächst ist unumstritten, daß der Kreis der gesellschaftlichen Verhältnisse, der zum rechtlichen Regelungsobjekt gehört, in ständiger Veränderung begriffen ist und daraus ein „Spannungsverhältnis zwischen der Immobilität des geltenden Rechts und der Entwicklung des rechtlichen Regelungsgegenstandes" resultiert,[11] oder noch allgemeiner: ein dialektischer Widerspruch zwischen der Stabilität des geltenden Rechts und der Dynamik der gesellschaftlichen Entwicklung existiert.[12] Die Existenz dieses Widerspruchs ist durchaus positiv und notwendig, ist er doch letztlich treibende Kraft für die Weiterentwicklung des sozialistischen Rechts. „Weiterentwicklung des Rechts" als Reaktion auf diesen Widerspruch ist wiederum unter verschiedenen Aspekten zu sehen. Hierzu gehört die Frage nach der Geltungsdauer des Rechts, aber — und m. E. vor allem — ist es zunächst ein Problem der Qualität des Rechts,[13] die im Rechtsbildungsprozeß bestimmt wird. Darüber hinaus gibt es hier und da Bemerkungen und Überlegungen, in dieses Spannungsverhältnis während des Wirkens des Rechts einzugreifen, es „unterwegs wirksam zu machen".

Im folgenden dazu einige Gedanken, die es zunächst notwendig machen, zum Ausgangspunkt zurückzukehren.

„Dynamik" des rechtlichen Regelungsobjektes, so wird gesagt, heißt, daß der „Kreis der gesellschaftlichen Verhältnisse, der zu ihm gehört, sich fortwährend (ändert)".[14] Davon müßten — wenn man diese Aussage differenzierter betrachtet — erfaßt werden:

1. die Herausbildung neuer gesellschaftlicher Verhältnisse, die rechtlich geregelt werden müßten, es aber noch nicht sind;
2. die Herausbildung qualitativer Veränderungen innerhalb sich besonders dynamisch

entwickelnder gesellschaftlicher Verhältnisse, wodurch die Frage aufgeworfen wird, ob die bisherige vorhandene rechtliche Regelung diese Veränderungen noch erfaßt bzw. ihnen entspricht.

Zu den unter zweitens genannten, sich besonders dynamisch entwickelnden gesellschaftlichen Verhältnissen sind u. a. solche Verhältnisse zu zählen wie

— rechtlich geregelte gesellschaftliche Verhältnisse, deren Regelungsinhalt besonders eng mit der ökonomischen Entwicklung und den daraus resultierenden ökonomischen Möglichkeiten des Staates verbunden ist,[15]

— rechtlich geregelte gesellschaftliche Verhältnisse, wo der Umfang oder die Detailliertheit der rechtlichen Regelung von neuen naturwissenschaftlichen und technischen Erkenntnissen beeinflußt wird.

Die Reaktion des Gesetzgebers auf diese Dynamik des rechtlichen Regelungsobjektes kann bei den unter erstens genannten neuen gesellschaftlichen Verhältnissen m. E. nur die Schaffung einer entsprechenden rechtlichen Regelung sowie im Ausnahmefall eine durch ihn geduldete vorübergehende oder dauernde Analogieanwendung sein. Komplizierter und differenzierter sind die Reaktionsmöglichkeiten auf die unter zweitens genannten Veränderungen innerhalb schon rechtlich geregelter gesellschaftlicher Verhältnisse.

Der Schaffung von immer entsprechend neuen rechtlichen Regelungen sind durch die spezifische Dynamik dieser Verhältnisse objektiv Grenzen gesetzt. Das bedeutet aber eben nichts anderes, als nach Möglichkeiten zu suchen, um innerhalb des Mechanismus der rechtlichen Regelung auf Veränderungen in den rechtlich geregelten gesellschaftlichen Verhältnissen zu reagieren, ohne in jedem Fall die entsprechenden Rechtsnormen aufzuheben oder neu zu fassen.

Eine derartige Variante ist der Gebrauch von „Bewertungsbegriffen", der durch das bewußte Zusammenwirken von Rechtsbildung und Wirken des Rechts, also des Gesamtmechanismus der rechtlichen Regelung, in bestimmten Grenzen solch eine Möglichkeit bieten kann. Insofern kann man den stärkeren und bewußten Gebrauch von Bewertungsbegriffen durch den Gesetzgeber in unserem Rechtssystem als eine mögliche Entwicklungsrichtung des sozialistischen Rechts bei der an Dynamik zunehmenden Gestaltung der entwickelten sozialistischen Gesellschaft ansehen. In der Rechtswissenschaft „bezeichnet dieser Terminus relativ bestimmte Begriffe, deren Inhalt nur unter Berücksichtigung der Situationen und Umstände des zu untersuchenden Falles zutage tritt".[16]

Rechtsnormen sind immer generelle Verhaltensregeln, da die Generalisiertheit eine notwendige Eigenschaft des Rechts ist.[17] Der Gesetzgeber hat aber gewisse Grenzen für den Grad der Generalisiertheit (die untere wäre die kasuistische, die obere die unbestimmte Regel), innerhalb derer er eine Entscheidung treffen muß.[18] Bewertungsbegriffe sind *Begriffe in Rechtsnormen*, die einen hohen Grad der Generalisiertheit aufweisen, der unmittelbar unter der oberen Grenze der Generalisiertheit von Rechtsnormen liegt. Daraus folgt, daß — und das ist m. E. ein wichtiges, spezifisches Kennzeichen — Bewertungsbegriffe für den Rechtsnormadressaten bzw. Rechtsanwender einen großen Entscheidungsraum enthalten. Beispielhaft sei in diesem Zusammenhang auf solche Bewertungsbegriffe verwiesen wie: „höherer Schaden" § 161 StGB, „allgemeine Gefahr" § 200 StGB, „Bedürftigkeit des Berechtigten" § 20 FGB, „berechtigtes Interesse" § 25 PStG.

Innerhalb des Rechtsbildungsprozesses ist zu prüfen, inwieweit Bewertungsbegriffe in Rechtsnormen bewußt eingesetzt werden können. Sie bieten sich vor allem zur Regelung eben solcher gesellschaftlichen Verhältnisse an, die sich besonders dynamisch entwickeln. Darüber hinaus wäre ihre Verwendung zur rechtlichen Regelung gesellschaftlicher Verhältnisse, deren Entwicklungsrichtung zum Zeitpunkt der Gesetzgebung noch nicht in allen Einzelheiten abzusehen ist, denkbar und sinnvoll.

Ein wichtiges Problem in diesem Zusammenhang ist die Ausfüllung von Bewertungsbegriffen, also ihre Konkretisierung.

In einer beachtlichen und *steigenden* Anzahl von Fällen entfällt eine staatliche Ausfüllung völlig, weil die Rechtsnorm mit dem Bewertungsbegriff unmittelbare Grundlage für das direkte eigenverantwortlich-schöpferische Handeln der Bürger ist. Darüber hinaus ist in bestimmten Fällen eine staatliche Ausfüllung unbedingt notwendig. Im Ermessen des Gesetzgebers liegt es, sich für den Einbau von Bewertungsbegriffen und, wenn notwendig, auch für die Form, in der die staatliche Ausfüllung erfolgen soll, zu entscheiden — beispielsweise Durchführungsverordnung (DVO), Verordnung (VO), Anordnung (AO) u. a. — und diese bereits in der rechtlichen Regelung anzugeben oder nicht. Die Form der Ausfüllung von Bewertungsbegriffen wird dann nicht angegeben, wenn

— nicht voraussehbar ist, ob eine Ausfüllung durch ein Staatsorgan überhaupt notwendig ist (z. B. wenn dazu Erfahrungen des praktischen Wirkens dieser Rechtsnormen notwendig sind);
— für den Gesetzgeber zwar eine Ausfüllungsnotwendigkeit ersichtlich ist, aber noch nicht deren Form.

Schließlich — und das ist zum gegebenen Zeitpunkt noch die Ausnahme — verweist der Gesetzgeber im entsprechenden Normativakt direkt auf eine bestimmte zu erlassende Art der Ausfüllung von Bewertungsbegriffen. So werden im § 152 ZGB über die Nachbesserung bewußt Bewertungsbegriffe wie „angemessene Frist“ und „berechtigte Interessen der Käufer“ verwandt. Im Abs. 3 dieses Paragraphen wird dann festgestellt: „Die Fristen und Bedingungen für die Nachbesserung sind durch Rechtsvorschriften zu regeln“, was mit der DVO zum ZGB über Rechte und Pflichten bei der Reklamation nicht qualitätsgerechter Waren erfolgte.[19]

In der Mehrzahl der Fälle werden aber Bewertungsbegriffe, die einer staatlichen Konkretisierung bedürfen bzw. bei deren Konkretisierung durch den Rechtsanwender Probleme auftreten, durch Konkretisierungsstufen wie Rechtssätze oder Richtlinien des Obersten Gerichts ausgefüllt, also durch Formen, die zum System der Rechtsformen des Wirkens des sozialistischen Rechts gehören.

Hier geht es aber zunächst erst einmal darum, zu zeigen, daß das bewußte Verwenden von Bewertungsbegriffen in Rechtsnormen eine Möglichkeit bietet, in das Spannungsverhältnis zwischen Stabilität des Rechts und Dynamik der gesellschaftlichen Entwicklung einzugreifen, ihm gerecht zu werden. Die Vorteile ihrer Verwendung, faßt man die bisherigen Ausführungen zusammen, liegen in folgendem:

— Bewertungsbegriffe bieten im begrenzten Rahmen die Möglichkeit, im Prozeß des Wirkens des Rechts auf die Entwicklung gesellschaftlicher Verhältnisse zu reagieren; das bedeutet letztlich, eine relativ „aktuelle“ rechtliche Regelung zu haben.
— Es besteht ein relativ einfaches Verfahren, ihren Ausfüllungsinhalt zu modifizieren. (Es ist also bedeutend unkomplizierter, ein Grundsatzurteil des Obersten Gerichts mit einem Rechtssatz zur Problematik „im gesellschaftlichen Interesse liegend“ [§ 111 ZGB] durch dieses neuzufassen, als innerhalb eines Gesetzes — wie des Zivilgesetzbuches — ganze Paragraphen aufzuheben und neuzufassen.)
— Bewertungsbegriffe bieten die Möglichkeit, über ihre Ausfüllung relativ schnell und

unmittelbar auf Probleme des praktischen Wirkens bestimmter rechtlicher Regelungen einzugehen.

In diesem Zusammenhang muß nochmals auf die Relativität des Einsatzes von Bewertungsbegriffen aufmerksam gemacht werden. Sie sind — und das wurde bereits an anderer Stelle betont — eine noch tiefer zu untersuchende Variante der Beeinflussung dieses o. g. Verhältnisses. Die Verwendung von Bewertungsbegriffen durch den Gesetzgeber, und auch das muß hier festgestellt werden, hat nicht nur Vorteile, sondern kann auch in das Gegenteil umschlagen. Lekschas schreibt m. E. zutreffend: „Wird der Versuch unternommen, das sozialistische Recht etwa so auszugestalten, daß schlechthin jede soziale Entwicklung, also auch die entfernteren Stufen erfaßt werden sollen, dann müßte man das sozialistische Recht . . . in unbestimmte Generalklauseln auflösen, was notwendig dem Recht die verhaltenslenkende, verhaltensstimulierende Funktion im Verhältnis zu den Massen nehmen würde.“[20] Doch das ist weder das Anliegen der Verwendung von Bewertungsbegriffen noch anderer Varianten. Die Gefahr der Ausuferung in Nachfolgeregelungen bzw. Konkretisierungsstufen wie Rechtssätze, die für den Bürger unüberschaubar sind, und die damit im gewissen Sinne verbundene potentielle Aushöhlung des Gesetzes müssen also immer im Blickfeld bleiben.[21]

Die hinsichtlich der Bewertungsbegriffe aufgestellten Hypothesen wurden zunächst anhand des ZGB untersucht und tendenziell bestätigt. Das ZGB enthält fast 100 verschiedene Bewertungsbegriffe (siehe Anlage 1). Sie reichen, um nur einige sehr gebräuchliche zu nennen, von *„gesellschaftliche Erfordernisse“* §§ 13, 14, 21 (2), 247 (3), 284 (2), 316 über *„notwendige Aufwendungen“* §§ 33 (2), 79 (2), 84 (2), 89 (2), 110 (2), 122 (4), 155 (1), 182, 220 (3) bis zu *„angemessene Frist“* §§ 85 (1), 86 (1), 152 (2), 153, 171, 173 (3), 180 (1), 202 (1), 222 (1), 228 (1), 253 (2), 281.

Nun sind Bewertungsbegriffe, wie schon betont wurde, keine Erfindung der Gegenwart, sondern waren und sind — auch wenn sie bisweilen unterschiedlich bezeichnet werden — im Prinzip in allen Gesetzen mehr oder weniger zu finden, auch im alten BGB. Vergleicht man aber ihre Anzahl miteinander, so kann man feststellen, daß im BGB auf 100 Paragraphen im Durchschnitt 18 Bewertungsbegriffe kamen; das ZGB dagegen enthält auf 100 Paragraphen 40 Bewertungsbegriffe. Sicher ist das u. a. auch eine Ursache dafür, daß es möglich wurde, die Gesamtzahl der Paragraphen von 1760 im BGB (ohne das vierte Buch) auf 480 Paragraphen im ZGB zu senken. So wird z. B. im § 280 Abs. 3, Satz 2 ZGB zum Ausdruck gebracht, daß bei einer Leihe, die für eine bestimmte Zeit vereinbart worden ist, der Verleiher die Sache nur vorzeitig zurückverlangen kann, wenn ein „wichtiger Grund“ vorliegt. Mit diesem Bewertungsbegriff wurden die §§ 604 und 605 BGB praktisch eingespart, die sich mit der Kündigung der Leihe durch den Verleiher auseinandersetzen. Soweit zu Fragen des quantitativen Anstiegs von Bewertungsbegriffen im ZGB.

Die große Anzahl von Bewertungsbegriffen brachte folgerichtig eine Reihe von Problemen hinsichtlich ihrer Konkretisierung mit sich. Das zeigten Untersuchungen zur Wirksamkeit des ZGB in den ersten beiden Jahren seines Inkrafttretens. Aus Analysen, die verschiedene Fachministerien, Räte der Bezirke und Bezirksgerichte im Auftrag des Ministeriums für Justiz zu den Rechtsinstituten Kauf, Dienstleistung und Wohnungsmiete anfertigten, ging beispielsweise hervor, daß Schwierigkeiten, Unsicherheiten insbesondere bei der Konkretisierung von folgenden Bewertungsbegriffen auftraten:[22]

— „wesentliche Verschlechterung der Ware“ § 151 (3);

— „angemessene Frist“, „berechtigte Interessen des Käufers“ § 152 (1), (2);

— „Schaden als Folge des Mangels“ (Folgeschaden) § 156;
— „notwendige Aufwendungen“ §§ 155 (1), 182;
— „zum vertragsgemäßen Gebrauch geeigneten malermäßigen Zustand“ § 104 (1);
— „Mängel“ § 107 (2);
— „im gesellschaftlichen Interesse liegende Verbesserung“ § 111, § 112 (2);
— „gesellschaftlich gerechtfertigte Gründe“ § 122 Abs. 1.

Die Unsicherheiten, Schwierigkeiten mit der Konkretisierung bestimmter Bewertungsbegriffe des ZGB finden u. a. auch ihren Ausdruck in der stark angestiegenen Anzahl der eingelegten Rechtsmittel und ihres Ausganges im ersten Geltungsjahr des ZGB.[23] So stiegen die Berufungen in Zivilsachen von 1975 bis 1976 auf 169%, die Beschwerden im gleichen Zeitraum auf 122,5%. In 24,4% der Berufungen — also fast jeder vierten — war die Berufung ganz oder teilweise berechtigt.

Eine Untermauerung der anhand des Zivilrechts durchgeführten Analysen und dadurch bestätigten Hypothesen brachten auch erste Vergleichsuntersuchungen im Arbeits- und Neuererrecht, zumindest was die quantitativen Aussagen betrifft. So stieg die Anzahl der Bewertungsbegriffe von 41 im Gesetzbuch der Arbeit (GBA) auf 88 im Arbeitsgesetzbuch (AGB), wobei hier eine starke Konzentration auf die Kapitel 3, 5 und 10 zu verzeichnen ist. In der Neuererverordnung kommen des weiteren auf insgesamt 35 Paragraphen 26 Bewertungsbegriffe.[24] (Vgl. Anlage 2.) Allein diese quantitativen Untersuchungen lassen erkennen, daß es sich bei der Frage nach der Rolle und Funktion von Bewertungsbegriffen um ein Problem handelt, das — bei aller Spezifik der Rechtszweige — das gesamte Rechtssystem betrifft und nicht etwa ein Spezialfall des hier untersuchten Zivilrechts ist. Um so wichtiger scheint auch eine weitere differenzierte Beschäftigung mit Fragen der Bewertungsbegriffe zu sein.

Von dem dargelegten Ausgangspunkt her — große Anzahl von Bewertungsbegriffen in neuen rechtlichen Regelungen, daraus resultierende Probleme ihrer Konkretisierung in der Rechtspraxis — gilt es jetzt, die staatlichen Reaktionsmöglichkeiten darauf zu untersuchen. Entsprechend den allgemeintheoretischen Aussagen zur Konkretisierung und zu den Konkretisierungsstufen ist deren Einsatz zur Ausfüllung des Inhalts von Bewertungsbegriffen eine wesentliche — m. E. sogar die bedeutendste — staatliche Reaktionsmöglichkeit auf die dargestellte Problemlage. Nun geht es aber im konkreten Fall nicht schlechthin um den Einsatz von Konkretisierungsstufen bzw. irgendeiner Konkretisierungsstufe. So spielt z. B. im justiziellen Bereich des Wirkens des sozialistischen Rechts im Zusammenhang mit den Bewertungsbegriffen die Konkretisierungsstufe „Rechtssatz“ eine besonders große Rolle. Deshalb soll diese Konkretisierungsstufe hier einer differenzierten Betrachtung unterzogen werden.

3.2.2. Charakter und Funktion der Konkretisierungsstufe „Rechtssatz“

Charakter und Funktion der einzelnen Konkretisierungsstufen sind in ihren Eigenheiten von der spezifischen Stellung des jeweiligen Leitungsorgans geprägt, das die Konkretisierung vornimmt. Wie jeder Konkretisierungsprozeß bestimmte Modifikationen aufweist, die mit der Stellung und Kompetenz des konkretisierenden Organs im Staatsmechanismus bzw. im politischen System insgesamt zusammenhängen, so weisen auch die entsprechenden Konkretisierungsstufen derartige Modifikationen auf. Bei den hier zugrunde liegenden Untersuchungen erwies es sich als zweckmäßig, die Konkretisierung in folgende drei Bereiche des Wirkens des sozialistischen Rechts zu unterscheiden:

— die Konkretisierung als Bestandteil des justiziellen Wirkens des sozialistischen Rechts;
— die Konkretisierung im Rahmen des Einsatzes des sozialistischen Rechts bei der Leitung der Wirtschaft;
— die Konkretisierung, die mit der vollziehend-verfügenden Tätigkeit in der staatlichen Leitung, vor allem mit dem Wirken des Verwaltungsrechts zusammenhängt.[25]

Nachfolgend seien einige Überlegungen zur Konkretisierung aus dem erstgenannten Bereich anhand der Rechtssatzproblematik zur Debatte gestellt.

Der Rechtssatz ist eine Kategorie, die in der Praxis der richterlichen Rechtsanwendung[26] von großer Bedeutung ist, aber in der Rechtstheorie kaum untersucht wurde, was sich schon in einem sehr unterschiedlichen Begriffsgebrauch zeigt. Einerseits werden für die Kennzeichnung der inhaltlichen Kategorie des Rechtssatzes verschiedene Begriffe benutzt,[27] andererseits wird der Begriff des Rechtssatzes für inhaltlich zu unterscheidende Kategorien verwendet.

Unter einem *Rechtssatz* verstehen wir ein Leitungsinstrument des Obersten Gerichts, das bestimmte Kriterien und Richtwerte zur Anwendung einer oder mehrerer Rechtsnormen enthält, die aus Anlaß der Entscheidung eines konkreten Rechtskonflikts durch das Oberste Gericht (oder ein anderes Gericht) in Wahrnehmung seiner Funktion als Rechtsmittel- und Kassationsgericht entwickelt werden.[28]

Als Beispiel sei auf folgenden Rechtssatz des Obersten Gerichts, der mit dem Urteil vom 19. 9. 1973 — 2 Zst 24/73 aufgestellt wurde, verwiesen:

Rechtssatz zur Anwendung des § 37 StGB und § 1 der Verfehlungs-VO — Öffentlicher Tadel, Voraussetzungen —

„Anwendung des öffentlichen Tadels als Maßnahme der strafrechtlichen Verantwortlichkeit ist bei vorsätzlichen Eigentumsdelikten nur zulässig, wenn geringe Gesellschaftsgefährlichkeit vorliegt. Öffentlicher Tadel kann z. B. richtige Maßnahme sein, wenn Schaden nur wenig über 50 M liegt und Beratung vor gesellschaftlichem Gericht nicht möglich oder nicht zweckmäßig ist."

Damit erläutert dieser Rechtssatz den § 37 StGB, in dem es heißt: „Der öffentliche Tadel wird ausgesprochen, wenn das Vergehen keine erheblichen schädlichen Auswirkungen hat . . ." Der dazu aufgestellte Rechtssatz des Obersten Gerichts gibt aus Anlaß einer konkreten Entscheidung einen Richtwert für die Schadenshöhe bei vorsätzlichen Eigentumsdelikten von „nur wenig über 50 Mark" an.

In der Praxis verfügt jedes Gericht über eine umfangreiche Rechtssatzkartei. Hier werden unter einem Rechtssatz hauptsächlich die in der Fachzeitschrift „Neue Justiz" veröffentlichten verallgemeinernden Aussagen zu bestimmten Rechtsnormen oder Rechtsnormengruppen durch das Oberste Gericht bzw. durch Bezirksgerichte und (in Ausnahmefällen) von Kreisgerichten verstanden und erfaßt.

Welche große Bedeutung die Rechtssätze in der Praxis haben, wird auch an der großen Anzahl deutlich, mit der gearbeitet wird. So wurden in der „Neuen Justiz" in den Jahren 1968—1979 folgende Rechtssätze veröffentlicht:

Jahr — Anzahl	*Jahr — Anzahl*
1968 — 420	1974 — 440
1969 — 457	1975 — 481
1970 — 452	1976 — 325
1971 — 435	1977 — 257
1972 — 391	1978 — 147
1973 — 357	1979 — 160

Durchschnittlich wurden in diesem Zeitraum etwa 360 Rechtssätze veröffentlicht; davon sind 250 = 69,5% durch das Oberste Gericht aufgestellt worden.

In der Praxis der richterlichen Rechtsanwendung sind die Rechtssätze (vor allem die in der Fachzeitschrift veröffentlichten) ein wichtiger Faktor für die Entscheidungsfindung der Rechtsanwender. Die meisten Richter, die bei der Anwendung einer Rechtsnorm nicht sicher sind, informieren sich, ob das Oberste Gericht dazu einen Rechtssatz aufgestellt hat, und orientieren sich, wenn das der Fall ist, daran. Das belegen auch folgende Untersuchungsergebnisse:[29]

Befragungen von 100 Berufsrichtern zu der Frage „Entstehen bei Ihnen Zweifel bezüglich der Anwendung von Maßnahmen der strafrechtlichen Verantwortlichkeit, orientieren Sie sich an den Grundsatzentscheidungen des Obersten Gerichts bzw. des Bezirksgerichts?" ergaben, daß 84% der Befragten im Prinzip diese Frage bejahten. Das unterstreicht die große Bedeutung, die der Rechtsprechung des Obersten Gerichts und damit der Entwicklung einer solchen Konkretisierungsstufe, wie sie der Rechtssatz darstellt, für die richterliche Rechtsanwendung zukommt.

Es sei am Rande auch darauf verwiesen, daß der Rechtssatz keine spezifische Erscheinung der Rechtsprechung des Obersten Gerichts der DDR ist. So stellt z. B. auch das Oberste Gericht der UdSSR Rechtssätze auf und veröffentlicht die für die Praxis bedeutendsten in der Zeitschrift „Bulletin des Obersten Gerichts der UdSSR". Dort existiert, ähnlich der Rechtssatzkartei in der „Neuen Justiz", eine spezielle Rubrik,[30] die sich „Juristu v kartotsku" („Juristenkartothek") nennt. Die Rechtssätze des Obersten Gerichts der UdSSR und der DDR sind sowohl ihrer Funktion wie ihrer Form nach gleich.

Um Aussagen zum Wesen des Rechtssatzes zu treffen, ist es m. E. notwendig, von der Bestimmung des inhaltlichen Verhältnisses zwischen Rechtssatz und Rechtsnorm auszugehen, dieses Verhältnis zu erfassen.

Der Rechtssatz ist — wie bereits betont wurde — ein Leitungsinstrument des Obersten Gerichts. Nach Art. 93 der Verfassung der DDR ist das Oberste Gericht das höchste Organ der Rechtsprechung. Es leitet auf der Grundlage der Verfassung, der Gesetze und der anderen Rechtsvorschriften der DDR die Rechtsprechung und sichert die einheitliche Rechtsanwendung durch alle Gerichte. Das Oberste Gericht ist also Leitungs- und Rechtsprechungsorgan zugleich. Ausgehend von dieser grundsätzlichen Charakteristik, wurden die spezifischen Aufgaben und Kompetenzen des Obersten Gerichts im Gerichtsverfassungsgesetz (GVG) geregelt.[31] Dort heißt es im § 20 (2): „Das Oberste Gericht sichert die einheitliche Anwendung und Auslegung der Gesetze und anderer Rechtsvorschriften durch die eigene Rechtsprechung, die Analyse und Verallgemeinerung der Rechtsprechung der Gerichte sowie durch Richtlinien und Beschlüsse." (Auf die Rolle der Richtlinien und Beschlüsse des Obersten Gerichts wird an anderer Stelle noch eingegangen.)

Das Sichern der einheitlichen Rechtsprechung „durch die eigene Rechtsprechung" erfolgt vor allem über das Entwickeln von Rechtssätzen im Ergebnis der Entscheidung eines konkreten Rechtskonflikts, wobei zu berücksichtigen ist, daß das Oberste Gericht seine Rechtsprechung bekanntlich in den durch § 37 (1) GVG bestimmten Fällen ausübt. Seine Bedeutung für die Leitung einer einheitlichen und richtigen Rechtsprechung durch Rechtssätze resultiert vor allem aus seiner Funktion als Rechtsmittel- und Kassationsgericht. Hier werden Schwierigkeiten bei der Konkretisierung der Rechtsnorm als genereller Verhaltensregel auf einen konkreten Sachverhalt am offensichtlichsten.

Wie sind aber diese Schwierigkeiten bzw. diese „Fehler" der nachgeordneten Gerichte zu bewerten? Meines Erachtens erfaßt Cohn dieses Problem richtig, wenn er schreibt, daß unrichtige gerichtliche Entscheidungen in der Regel nicht mit Pflichtwidrigkeiten eines nachlässigen Beauftragten zu vergleichen sind. „Sie beruhen vielmehr überwiegend darauf, daß Gesetze und sonstige Rechtsvorschriften nicht jeden Fall ihrer Anwendung eindeutig regeln können.“[32]

Die Rechtsanwendung durch die nachgeordneten Gerichte, d. h. die Konkretisierung der generellen Rechtsnorm auf den konkreten Sachverhalt kann, vor allem nach Inkrafttreten neuer Gesetze, zu Entscheidungen führen, die objektiv nicht den Vorstellungen des Gesetzgebers entsprechen, die Entwicklung der Gesellschaft nicht im Rahmen der gegebenen Möglichkeiten fördern, voneinander abweichen und dadurch die Einheit der Rechtsprechung und somit das Wirken des sozialistischen Rechts beeinträchtigen.[33] Durch solche Konkretisierungsstufen wie die Rechtssätze des Obersten Gerichts werden dann häufig einheitliche Kriterien zur Anwendung neuer gesetzlicher Bestimmungen entwickelt.

Die Entwicklung der Anzahl der Rechtssätze in den Jahren 1968—1979 (vgl. Abbildung 3) bestätigt, wenn man sie in das Verhältnis zur Rechtsnormentwicklung dieser Jahre setzt, eine schon angedeutete Abhängigkeit zwischen dem Erlaß neuer Rechtsnormen und der Aufstellung von Rechtssätzen.

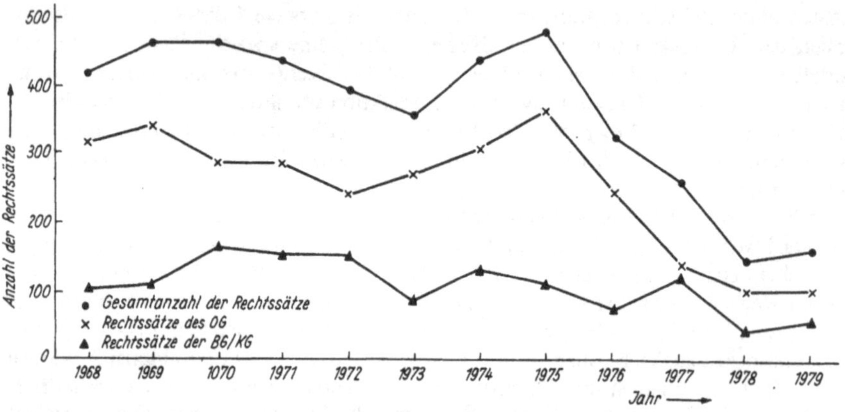

Abb. 3. Verteilung der veröffentlichten Rechtssätze auf die Jahre 1968—1979

Untersuchungen zur *Rechtsnormentwicklung* zeigten bis 1970 einen Anstieg der Anzahl neu erlassener Rechtsnormen. Danach, vor allem aber nach 1971 nahm der Erlaß von Rechtsnormen stark ab, stieg aber in den letzten Jahren wieder an. Betrachtet man nun unter diesem Aspekt die quantitative Entwicklung der Rechtssätze, so ist festzustellen, daß mit steigender Anzahl neu erlassener Rechtsnormen auch die Zahl der Rechtssätze ansteigt bzw. im umgekehrten Fall sinkt. Eine solche direkte Beziehung — verstärkte Notwendigkeit von Konkretisierungsstufen nach Erlaß neuer gesetzlicher Bestimmungen — zeigen auch Untersuchungen zur bisherigen Wirksamkeit des Zivilgesetzbuches. So war nach Inkrafttreten des Zivilgesetzbuches am 1. 1. 1976 für das Jahr 1976 — wie bereits in einem anderen Zusammenhang erwähnt — ein starker Anstieg der Berufungen im Vergleich zum Jahre 1975 zu verzeichnen. Die Ursachen hierfür sind sicher vielgestaltig und bedürfen noch einer eingehenden Untersuchung. Dennoch läßt sich aber feststellen, daß zweifellos u. a. ein Grund in der Notwendigkeit der Vorgabe einheitlicher Kriterien zur Anwendung bestimmter neuer Bewertungsbegriffe durch eine Konkretisierungsstufe, wie der Rechtssatz sie darstellt, zu sehen ist.[34]

Wie sehr es notwendig ist, die Einheitlichkeit der Rechtsprechung zu sichern, wurde bereits von Lenin wiederholt hervorgehoben.[35] Er betonte, daß ohne Festlegung einer einheitlichen Gesetzlichkeit überhaupt keine Rede von der Schaffung eines Rechtsschutzes sein könne. In der Tat: Je allgemeiner und abstrakter eine Rechtsnorm ist, je größer ihr Generalisierungsgrad ist, desto größer ist der Rahmen, in dem der Richter seine Entscheidung zu treffen hat, in dem er die Rechtsnorm konkretisiert. Damit verbunden wachsen die Anforderungen an den Richter. Deshalb muß ein Richter ein hohes Staats- und Rechtsbewußtsein besitzen und klar den Klassenstandpunkt der Arbeiterklasse vertreten. Denn nur wenn er, wie Kalinin es ausdrückte, „ein guter Marxist, ein erfahrener praktischer Arbeiter und ein kulturbeflissener gebildeter Mensch ist, wird er in der Lage sein, dazu beizutragen, daß unser sozialistisches Recht als Organisator der gesellschaftlichen Verhältnisse, als Stimulator für das bewußte gesellschaftlich notwendige Handeln der Werktätigen wirkt."[36] In diesem Sinne ist auch J. Streit zu verstehen, wenn er von der wachsenden Rolle des subjektiven Faktors in der Rechtsanwendung spricht.[37] Zusammen mit einem hohen Staats- und Rechtsbewußtsein und einem klaren Klassenstandpunkt der Richter sind die Rechtssätze ein Instrument zur Sicherung einer einheitlichen und richtigen Anwendung der Rechtsnorm.

Es wurde schon darauf verwiesen, daß das Oberste Gericht Rechtssätze vor allem in Wahrnehmung seiner Funktion als Rechtsmittel- und Kassationsgericht entwickelt, d. h. aus Anlaß der Entscheidung eines konkreten Rechtskonflikts. „Dabei ist die Lösung des Einzelkonflikts nur eine Seite. In erster Linie geht es um die Herausarbeitung von Grundsätzen, die über den Einzelfall hinaus den Gerichten die Orientierung für ihre Rechtsprechung auf den verschiedensten Gebieten geben. Es geht um die Sichtbarmachung gesellschaftlicher Zusammenhänge und Bedingungen."[38]

Grundlage ist eine generalisierte Rechtsnorm, die durch einen Individualakt konkretisiert werden muß. Hierbei werden durch das Oberste Gericht in bestimmten Fällen über den konkret zu entscheidenden Einzelfall hinausgehende Kriterien Richtwerte zur Anwendung der entsprechenden Rechtsnorm getroffen. Diese Kriterien und Richtwerte bilden den *Inhalt* des Rechtssatzes. Die Entscheidung des Einzelfalls ist also in bezug auf den Rechtssatz der *Anlaß* zu seiner Entstehung. Die dabei entwickelten Kriterien zur Anwendung der Rechtsnorm liegen innerhalb des vom Gesetzgeber gesetzten Rahmens der Rechtsnorm, der durch die Auslegung erfaßt wird. Dabei geht es — das sei noch einmal betont — *nicht nur* um die Auslegung, obwohl sie eine Voraussetzung bzw. Bestandteil der Konkretisierung ist.[39] Bei der Erarbeitung von Rechtssätzen durch das Oberste Gericht im Zusammenhang mit der Konkretisierung von Rechtsnormen gilt es, die rechtlich zu regelnden gesellschaftlichen Verhältnisse, die zum konkreten Zeitpunkt der Anwendung der Rechtsnorm existierenden Wirkungsbedingungen der mit Hilfe des Rechts durchzusetzenden objektiven Gesetze zu berücksichtigen. Die Tätigkeit des Obersten Gerichts, d. h. auch die Anleitungstätigkeit gegenüber den nachgeordneten Gerichten durch die eigene Rechtsprechung, war stets darauf gerichtet, „den gesamtgesellschaftlichen Belangen zu dienen und den Erfordernissen der *jeweiligen* historischen Entwicklungsetappe unseres sozialistischen Staates gerecht zu werden".[40] (Hervorhebung — R. S.)

Daraus ableitend kann man den Rechtssatz als *eine Konkretisierungsstufe der Rechtsnorm* oder einer Rechtsnormengruppe bezeichnen. Vom Generalisierungsgrad her steht er zwischen der Rechtsnorm und dem Individualakt. Letzteres bedeutet auch, daß durch das Vorhandensein eines Rechtssatzes als einer Konkretisierungsstufe der Rechtsnorm die Tätigkeit des Richters eines nachgeordneten Gerichts nicht auf eine einfache Subsumtion des Sachverhalts unter den jeweiligen Rechtssatz reduziert wird. Die richterliche Entscheidungsfindung bleibt auch für die nachgeordneten Gerichte eine schöpferische Tätigkeit.

Auf die Stellung des Rechtssatzes — zwischen Rechtsnorm und Individualakt — wird auch in einer Anmerkung zu einem OG-Urteil zur Anwendung der §§ 185 (1), 3, 21 (3) StGB indirekt verwiesen. Dort heißt es: „Die im Urteil entwickelten Grundsätze zum Tatbestand der Brandstiftung (das entspricht dem Rechtssatz — R. S.) sind eine wesentliche Voraussetzung dafür, um die Frage richtig beantworten zu können, ob im konkreten Fall der Versuch der Inbrandsetzung einer Wohnstätte vollendet ist oder nicht."[41]

3.2.3. Die Bedeutung des „Rechtssatzes" für die Anwendung von Bewertungsbegriffen

Besondere Bedeutung haben Rechtssätze — und das zeigen im Prinzip alle bisher zitierten Beispiele — für die Anwendung von Rechtsnormen, die einen relativ großen Entscheidungsraum für den Rechtsanwender enthalten, d. h. insbesondere für die Anwendung von Bewertungsbegriffen. Das zeigte auch eine Untersuchung der Verteilung der Rechtssätze auf die verschiedenen Rechtszweige (vgl. Abbildung 4).

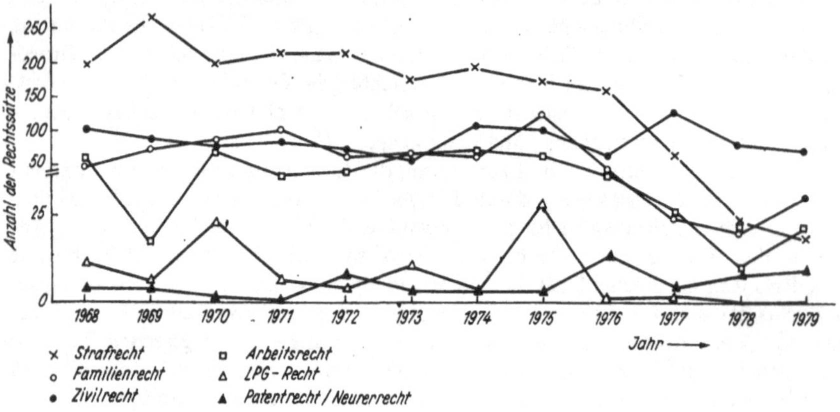

Abb. 4. Die Entwicklung der veröffentlichten Rechtssätze von 1968—1979 in den einzelnen Rechtszweigen

Die Frage nach der Größe, von der die Verteilung der Rechtssätze auf die verschiedenen Rechtszweige abhängt, ist nicht eindeutig zu beantworten. Es spielen auf jeden Fall verschiedene Faktoren eine Rolle. So ist z. B. bei der Entwicklung der Rechtssätze zum Strafrecht und zum Zivilrecht die an anderer Stelle schon erwähnte Abhängigkeit zwischen Erlaß von neuen Gesetzen bzw. Rechtsnormen allgemein und dem Erlaß von Rechtssätzen deutlich erkennbar. Beispielsweise trat am 1. 7. 1968 das neue StGB in Kraft, was, wie ersichtlich, einen starken Anstieg der Rechtssätze zum Strafrecht zur Folge hatte. Danach erfolgte ein Einpegeln der Rechtssätze auf eine relativ konstante Anzahl. Ähnliches ist im Zivilrecht ablesbar. Von dieser allgemeinen Abhängigkeit absehend, ergibt sich die Frage, von welchen Faktoren die Verteilung der Rechtssätze noch abhängig ist.

Einfacher zu beantworten ist dabei zunächst, wovon die Verteilung der Rechtssätze nicht abhängig ist. Betrachtet man z. B. die Rechtszweige Familienrecht, Zivilrecht und Arbeitsrecht, auf die in den letzten vier Jahren eine relativ gleiche Verteilung der Rechtssätze zutraf, dann wird deutlich, daß hier keine direkte Abhängigkeit zwischen dieser Verteilung und dem stark unterschiedlichen Rechtsnormenvolumen dieser Rechtszweige besteht. Es besteht auch keine direkte Abhängigkeit zu der Anzahl der in den jeweiligen Rechtszweigen durchgeführten Verfahren, die auch sehr unterschiedlich ist. So werden im Jahr durchschnittlich 7072 Arbeitsrechtsverfahren, 32594 Zivilrechtsverfahren und 70093 Familienrechtsverfahren durchgeführt.[42]

Eine gewisse Abhängigkeit der Verteilung besteht aber durchaus zur Anzahl der in den jeweiligen Rechtszweigen enthaltenen Bewertungsbegriffe. So ist im Familienrecht, bei einem relativ kleinen materiellen Normengefüge, eine große Anzahl von Bewertungsbegriffen zu finden.[43] Eine Verbindung Bewertungsbegriffe — Verteilung der Rechtssätze ist also generell zu bejahen.

In den Rechtssätzen werden häufig bestimmte, im Vergleich zur Rechtsnorm konkretere Richtwerte zur Konkretisierung von Bewertungsbegriffen erarbeitet; insofern läßt sich feststellen, daß die Bedeutung von Konkretisierungsstufen der Rechtsnormen für den rechtlichen Wirkungsmechanismus beim Aufstellen von Rechtssätzen des Obersten Gerichts zu Bewertungsbegriffen besonders deutlich wird. Dazu ein Beispiel aus dem Zivilrecht:

Im Abschnitt über die Wohnungsmiete des ZGB (§ 111) heißt es, daß bauliche Veränderungen durch den Mieter der Zustimmung des Vermieters bedürfen. „Der Vermieter ist verpflichtet zuzustimmen, wenn die baulichen Veränderungen zu einer *im gesellschaftlichen Interesse liegenden Verbesserung* der Wohnung führen.“ (Hervorhebung — R. S.)

Mit der Formulierung einer „im gesellschaftlichen Interesse liegenden Verbesserung“ wurde bewußt ein Bewertungsbegriff in das Gesetz aufgenommen, der eine Konkretisierung des Gesetzes entsprechend dem erreichten gesellschaftlichen Entwicklungsstand zuläßt, der aber auch zur Sicherung der Einheitlichkeit der Rechtsanwendung nach einer Konkretisierungsstufe verlangt. Hätte man in das Gesetz aufgenommen, was gegenwärtig darunter zu verstehen ist, wäre damit die Geltungsdauer dieser Bestimmung von vornherein begrenzt worden. Ohne zu spekulieren ist klar, daß auf Grund unserer ständig fortschreitenden Entwicklung in einer gewissen Zeit bestimmte Einrichtungen, die wir heute als Luxus bezeichnen, zu einem allgemein anerkannten gesellschaftlichen Bedürfnis werden können.

Was im angeführten Beispiel des § 111 ZGB *gegenwärtig* eine „im gesellschaftlichen Interesse liegende Verbesserung der Wohnung“ ist, ist aus einem Rechtssatz des Obersten Gerichts aus dem Jahre 1975 zu entnehmen.[44] In diesem Urteil ging es zwar um das Ersetzen der Zustimmung des Vermieters zur Modernisierung einer Wohnung; die dort aufgestellten Grundsätze gelten aber, wie Hildebrandt feststellt, ebenso auch für bauliche Veränderungen, die der Mieter ausführt.[45]

In der Begründung dieses Urteils wird zum Problem der Verpflichtung des Vermieters, Modernisierungsmaßnahmen des Mieters zuzustimmen, d. h. wann solche Maßnahmen im gesellschaftlichen Interesse liegen, vom Obersten Gericht festgestellt: „Diese Frage kann nicht losgelöst von der allgemeinen gesellschaftlichen Entwicklung auf dem

Gebiet der Wohnungspolitik beantwortet werden. Im Rahmen der Hauptaufgabe, die der VIII. Parteitag der SED beschlossen hat, hat das Wohnungsbauprogramm erhebliches Gewicht ... Dabei spielt die Modernisierung von Wohnungen eine immer größere Rolle."[46] Das Oberste Gericht setzt sich hier mit dem vorangegangenen und kassierten Urteil eines Bezirksgerichts auseinander, das sich bei seiner Begründung auf einen Rechtssatz des Obersten Gerichts aus dem Jahre 1958 berief, und konstatiert, daß „... auch bei der Anwendung der Rechtsgedanken aus der Entscheidung des Obersten Gerichts vom 18. September 1958 zu beachten (ist), daß gesellschaftlich anzuerkennende Bedürfnisse vom jeweiligen Entwicklungsstand der Gesellschaft abhängig und daher wandelbar sind ... Die Bezugnahme des Bezirksgerichts auf dieses Urteil, mit dem es seinen Standpunkt stützen will, geht daher fehl."[47]

Vom gegenwärtigen gesellschaftlichen Entwicklungsstand ausgehend, der in den Parteibeschlüssen eingeschätzt wurde und die, wie aus der angeführten Begründung des Urteils ersichtlich, Voraussetzung für die Konkretisierung des Bewertungsbegriffs „im gesellschaftlichen Interesse liegend" sind, stellte das Oberste Gericht einen neuen Rechtssatz auf. Aus ihm geht hervor, unter welchen Bedingungen *gegenwärtig* ein gesellschaftliches Interesse an Modernisierungsmaßnahmen zu bejahen ist.[48]

Anhand des angeführten Beispiels der Anwendung des § 111 ZGB, des in ihm enthaltenen Bewertungsbegriffs „im gesellschaftlichen Interesse liegende Verbesserung der Wohnung" und der dazu aufgestellten Rechtssätze werden drei Problemkreise genereller Natur, die das Verhältnis Bewertungsbegriffe — Konkretisierungsstufe charakterisieren, deutlich:[49]

1. Rechtssätze tragen zur Stabilität des sozialistischen Rechtssystems bei, da sie auf der Grundlage und im Rahmen der Rechtsnorm ein dynamisches Reagieren auf bestimmte gesellschaftliche Veränderungen gewährleisten können. Im dargestellten Beispiel entsprach ein Rechtssatz aus dem Jahre 1958 zum Zeitpunkt der angeführten Entscheidung im Jahre 1975 nicht mehr dem gesellschaftlichen Entwicklungsstand.

Wenn man davon ausgeht, daß der Rechtssatz eine Konkretisierungsstufe der Rechtsnorm und in diesem Sinne ein „Vermittlungsglied" zwischen der Rechtsnorm und der rechtlich zu regelnden gesellschaftlichen Wirklichkeit darstellt, folgt daraus auch, daß Rechtssätze selbst veränderlich sein müssen, wenn vom Rahmen der Rechtsnorm erfaßbare Veränderungen in der gesellschaftlichen Wirklichkeit auftreten.

So schreibt Strasberg: „In Wahrnehmung seiner Verantwortung, die Rechtsprechung der Gerichte zu leiten und eine einheitliche Rechtsanwendung zu gewährleisten, hat das Oberste Gericht seine Leitungsdokumente ... unter dem Gesichtspunkt überprüft, ob und inwieweit bestimmte Orientierungen durch die gesellschaftliche Entwicklung überholt sind."[50] Es ist eine ständige Aufgabe des Obersten Gerichts, die von ihm erlassenen Leitungsdokumente — als auch die Rechtssätze — im Prozeß der Arbeit stets auf ihre Übereinstimmung mit den konkreten gesellschaftlichen Erfordernissen zu überprüfen und, wenn die jeweilige Rechtsnorm dazu die Möglichkeit gibt, schrittweise weiterführende Orientierungen zu erarbeiten.

Deshalb ist es nicht ungewöhnlich, daß zu einer Rechtsnorm im Laufe der Jahre nacheinander verschiedene Rechtssätze entwickelt werden. So wurde — um ein weiteres Beispiel anzuführen — auch zum § 200 StGB ein neuer Rechtssatz entwickelt: „Bei erneuter Straffälligkeit gemäß § 200 StGB kann die Strafverschärfung wegen Rückfalls nach § 200 Abs. 3 StGB nur angewandt werden, wenn der Tenor des früheren Urteils ausdrücklich die Verkehrsgefährdung durch Trunkenheit umfaßt."

In der Anmerkung dazu heißt es, daß diesem Rechtssatz zuzustimmen ist und es nicht allein auf den Inhalt der vorangegangenen Straftat ankommen könne, wie es in einem vorangegangenen Rechtssatz festgestellt wurde. Ansonsten käme es unzulässigerweise zur Neubewertung einer strafbaren Handlung zuungunsten eines Angeklagten, und es müsse andererseits konsequenterweise auch eine Korrektur zugunsten eines Angeklagten möglich sein. Beides sei aber mit dem Prinzip der Rechtskraft einer Entscheidung als einer Garantie der Rechtssicherheit unvereinbar. Wörtlich heißt es: „Aus diesen Erwägungen gibt der 3. Strafsenat des Obersten Gerichts die gegen die Rechtsauffassung des Bezirksgerichts Erfurt, eine frühere Verurteilung wegen eines Vergehens nach § 49 StPO sei keine zur Strafverschärfung nach § 200 Abs. 3 StGB führende Vorstrafe (NJ 1969, S. 478ff.), in der Anmerkung zu diesem Urteil vorgebrachten Bedenken auf.“[51]

2. Wesentliche Voraussetzung für das Aufstellen von Rechtssätzen sind die Parteibeschlüsse, da sie den erreichten gesamtgesellschaftlichen Entwicklungsstand fixieren und die Wege und Ziele der weiteren Entwicklung festlegen.

Damit der Rechtssatz des Obersten Gerichts Konkretisierungsstufe der Rechtsnorm, „Vermittlungsglied“ zwischen der Rechtsnorm und der durch sie zu regelnden gesellschaftlichen Wirklichkeit zum Zeitpunkt der Anwendung der Rechtsnorm sein kann, müssen, wie die Erfahrungen der Praxis bestätigen, durch das Oberste Gericht die Beschlüsse der Partei der Arbeiterklasse verarbeitet werden. Die marxistisch-leninistische Partei gibt, wie bereits festgestellt, in ihren Beschlüssen genaue Analysen der Entwicklung der gesellschaftlichen Verhältnisse, der Tendenzen objektiver Gesetzmäßigkeiten und ihrer Wirkungsbedingungen sowie der Interessen der Arbeiterklasse, die für die Aufstellung von Rechtssätzen wie generell für die Konkretisierungsstufen eine wesentliche Rolle spielen. Die Beschlüsse der Partei sind deshalb Grundlage für die Gestaltung von Rechtssätzen durch das Oberste Gericht.[52] Über sie objektiviert sich in den Rechtssätzen letztlich wie in allen Konkretisierungsstufen gesellschaftliches Rechtsbewußtsein.

3. Das Oberste Gericht hat über das Aufstellen von Rechtssätzen, bzw. durch seine Rechtsprechung generell, einen wichtigen Anteil an der Erarbeitung neuer gesetzlicher Regelungen. So ging der im dargestellten Beispiel durch das Oberste Gericht entwickelte Rechtssatz aus dem Jahre 1975 im gewissen Sinne in das am 1. 1. 1976 in Kraft getretene neue ZGB ein.

Das Entwickeln von bestimmten Konkretisierungsstufen der Rechtsnormen ist, wenn man dem oben dargelegten Ansatz zur Bestimmung der Konkretisierungsstufen — als einer Ebene, die, ausgehend von der Rechtsnorm, die gesellschaftlichen Verhältnisse zum Zeitpunkt der Rechtsanwendung berücksichtigt, bzw. zur Schaffung von Wirkungsbedingungen objektiver Gesetze in dieser gesellschaftlichen Wirklichkeit beitragen soll — folgt, stets ein schöpferischer Prozeß. Das trifft auch für das Entwickeln von Rechtssätzen durch das Oberste Gericht als eine Art von Konkretisierungsstufen zu. Von dieser Charakterisierung als schöpferischer Prozeß ausgehend, muß man auch den Anteil der Rechtsprechung des Obersten Gerichts an der Rechtsbildung erklären.[53]

So stellt Haney richtig fest, daß die berechtigte Genugtuung, mit dem neuen Zivilgesetzbuch das fast achtzigjährige Bürgerliche Gesetzbuch ad acta gelegt zu haben, nicht vergessen machen darf, daß sich die Grundsätze des sozialistischen Zivilrechts in einem fast dreißigjährigen Fortgang herausgebildet hatten und bereits praktisch galten.[54] Auch Ranke stellte zur Herausbildung neuer Zivilrechtsprinzipien fest: „Von großer Bedeutung war das Studium der Erfahrungen der Rechtspraxis, insbesondere der Rechtsprechung des Obersten Gerichts, die einen wichtigen Beitrag zur Entwicklung sozialistischer

Prinzipien des Zivilrechts geleistet hat."[55] Das wird auch durch eine Reihe von Beispielen belegt.

Augenscheinlich ist das, wenn man u. a. die gesetzlichen Regelungen des Zivilgesetzbuches zur Wohnungsmiete betrachtet. So besagt z. B. die gesetzliche Regelung über vom Mieter ausgeführte Baumaßnahmen in § 112 Abs. 3 ZGB, daß der Mieter bei der Beendigung des Mietverhältnisses, wenn über die Erstattung der Kosten nichts vereinbart wurde, Anspruch auf eine angemessene Entschädigung durch den Vermieter hat, soweit dieser infolge der baulichen Veränderungen wirtschaftliche Vorteile erlangte. Diese im ZGB vorgenommene gesetzliche Regelung wurde im Prinzip durch die Rechtsprechung, insbesondere durch die vom Obersten Gericht aufgestellten Rechtssätze (Urteil vom 21. 11. 1967 — 2 Zz 2267, Urteil vom 30. 10. 1973 — 2 Zz 2273) vorbereitet.[56] Das, was hier für das Zivilgesetzbuch festgestellt wurde, läßt sich auch ähnlich für die neue Zivilprozeßordnung (ZPO) sagen. Auch hier haben die durch das Oberste Gericht entwickelten Rechtssätze einen wichtigen Anteil an der Weiterentwicklung sozialistischer Prozeßprinzipien.[57]

Nun sind aber Fragen nach dem Anteil, den die Rechtssätze bzw. die Rechtsprechung des Obersten Gerichts generell an der Erarbeitung neuer gesetzlicher Bestimmungen haben, keinesfalls auf das Zivilrecht zu beschränken. Allerdings fallen sie hier auf Grund dessen, daß das Zivilgesetzbuch erst seit relativ kurzer Zeit in Kraft ist und der Vergleich zur bisherigen Rechtsprechung unmittelbarer als bei anderen Gesetzen ist, mehr auf.

Darüber hinaus hatten die Rechtssätze des Obersten Gerichts z. B. auch einen wichtigen Anteil an der Erarbeitung eines neuen sozialistischen Familiengesetzbuches (1966). So verließ das Oberste Gericht in einem Urteil — ausgehend von der klar ausgesprochenen sozialistischen Grundlage der Ehe in unserer Gesellschaft — den bis dahin im Ehescheidungsrecht geltenden Verschuldensgrundsatz und begann, das Zerrüttungsprinzip zu entwickeln.

Es sei an dieser Stelle noch einmal eindeutig festgestellt: Die Rechtsanwendung im sozialistischen Staat ist kein automatischer Vorgang, kein Anlegen von vorgefertigten Schablonen an einen individuellen Fall. Sie ist stets — auf allen Ebenen! — eine verantwortungsvolle, schöpferische Tätigkeit. An die Tätigkeit des Obersten Gerichts als dem höchsten Rechtsprechungs- und zugleich Leitungsorgan sind natürlich besonders hohe Anforderungen zu stellen. Mit dem Aufstellen von bestimmten Rechtssätzen trägt es wesentlich zum Wirken des sozialistischen Rechts bei. Konkretisierungsstufen von Rechtsnormen, wie sie die Rechtssätze darstellen, sind wichtige Glieder im Wirkungsmechanismus des sozialistischen Rechts. Sie sind eine wichtige Bedingung dafür, daß ein stabiles sozialistisches Rechtssystem, das aber nicht starr ist, existiert.

In diesem Zusammenhang ist es wichtig zu betonen, daß das Oberste Gericht mit der Aufstellung von Rechtssätzen im Rahmen seiner Möglichkeiten als Organ der Rechtsanwendung wesentlich zur Einheit des sozialistischen Rechtssystems beiträgt. Es ist aber nicht zuständig für eine Rechtsbereinigung im Sinne der Außerkraftsetzung bestimmter Normen, die neueren oder höheren Normen widersprechen. Ein markantes Beispiel dafür war die Anwendung der §§ 823 ff. BGB. Nach Inkrafttreten des Gesetzbuches der Arbeit (1961) hatte das Oberste Gericht durch das Aufstellen von Rechtssätzen bestimmte Rechtsinstitute anderer Rechtsgebiete vom Niveau des Gesetzbuches der Arbeit her interpretiert. In bezug auf die Anwendung des § 823 BGB stellte es fest: „Ein Werktätiger haftet für schuldhafte Arbeitspflichtverletzungen nur nach den Bestimmungen des GBA über die materielle Verantwortlichkeit und nur gegenüber dem Betrieb, unabhängig davon, ob der Betrieb oder ein Dritter dadurch geschädigt wurde. § 823 BGB ist insoweit nicht mehr anwendbar.

Die Arbeitspflichtverletzung eines Werktätigen begründet gegenüber einem geschädigten Dritten die Haftung des Betriebes gemäß § 831 Abs. 1, Satz 1 BGB. Da der Werktätige dem Dritten gegenüber den verursachten Schaden in keinem Fall zu ersetzen hat, entfällt auch die im § 831, Abs. 1, Satz 2 vorgesehene Entlastungsmöglichkeit."[58]

Mit dieser für die Praxis wichtigen Entscheidung hat das Oberste Gericht einen wesentlichen Beitrag zur widerspruchsfreien Einheit des sozialistischen Rechtssystems geleistet. Ein bestimmter gesellschaftlicher Entwicklungsstand, der in einer gesetzlichen Regelung seinen Niederschlag fand (hier in den §§ 112ff. GBA), beeinflußte über die Aufstellung von Rechtssätzen des Obersten Gerichts (die Vermittlungsglieder zwischen der Rechtsnorm und der gesellschaftlichen Wirklichkeit darstellen) die Anwendung bestimmter Rechtsnormen eines anderen Rechtsgebietes. Damit hatte das Oberste Gericht nicht etwa bestimmte Rechtsnormen außer Kraft gesetzt. Es hat vielmehr die *Bedingungen* ihrer Anwendung konkretisiert. Die seit dem angeführten Urteil des Obersten Gerichts aus dem Jahre 1964 ausgeübte und bewährte Rechtspraxis fand folgerichtig ihren Niederschlag im neuen Zivilgesetzbuch in den §§ 330ff. So heißt es im § 331 ZGB in Anlehnung an die durch das Oberste Gericht aufgestellten und schon zitierten Rechtssätze: „Verursacht ein Mitarbeiter eines Betriebes in Erfüllung ihm obliegender betrieblicher Aufgaben einen Schaden, hat der Betrieb den Schaden zu ersetzen. Eine Ersatzpflicht des Mitarbeiters gegenüber dem Geschädigten besteht nicht. Die Verantwortlichkeit des Mitarbeiters gegenüber dem Betrieb nach arbeitsrechtlichen oder anderen Vorschriften wird dadurch nicht berührt."

4. Die Gewährleistung der sozialistischen Gesetzlichkeit im Prozeß der Konkretisierung des Rechts

4.1. Einheitliche Rechtsanwendung und Konkretisierung

Die Bedeutung der sozialistischen Gesetzlichkeit als festes Prinzip der Organisation und Funktion des gesamten politischen Systems, als eine wichtige Methode der staatlichen Leitung, so wird vielfach betont, erhöht sich im Prozeß der weiteren Gestaltung der entwickelten sozialistischen Gesellschaft. Das sozialistische Recht ist ein wichtiges Instrument zum Umsetzen dieser Methode in die Wirklichkeit, denn der sozialistische Staat leitet, reguliert und schützt die Gesellschaft vor allem durch die Schaffung und Anwendung von Rechtsnormen.

Das Wirken der sozialistischen Gesetzlichkeit ist aber nicht schlechthin mit der Schaffung und Anwendung bzw. Durchsetzung von Rechtsnormen abgedeckt, sondern auch an das Vorliegen bestimmter, komplex wirkender Bedingungen und Mechanismen geknüpft. Hierzu zählen neben den ökonomischen Voraussetzungen vor allem: die Vollständigkeit der rechtlichen Regelung, die Stabilität des sozialistischen Rechts, die Wirksamkeit der juristischen Garantien der sozialistischen Gesetzlichkeit, die Gleichheit vor dem Gesetz, die Unabwendbarkeit der juristischen Verantwortlichkeit.[1]

Nur über die differenzierte Untersuchung dieser Bedingungen und Mechanismen können fundierte Aussagen zur effektiven Durchsetzung des Prinzips der sozialistischen Gesetzlichkeit bei der weiteren Gestaltung der entwickelten sozialistischen Gesellschaft getroffen und eine Degradierung dieses Prinzips auf einen alles (oder zumindest sehr vieles) umfassenden Begriff vermieden werden. Ein mögliches Herangehen soll im folgenden erörtert werden.

Eine der Bedingungen des Wirkens der sozialistischen Gesetzlichkeit ist, wie gesagt, die Stabilität der grundlegenden Rechtsnormen und -institute; Stabilität im Sinne

a) einer relativen Beständigkeit, also relativ langen Geltungsdauer grundlegender rechtlicher Regelungen und

b) zugleich stabiler praktischer Umsetzung durch die kompetenten Rechtsanwendungsorgane.

Das bringt unter sozialpsychologischem Aspekt den Vorzug der Herausbildung stabiler Überzeugungen hinsichtlich des Rechts mit sich.

Betrachtet man die Stabilität des sozialistischen Rechts aber nicht als Immobilität desselben, ergeben sich insbesondere unter den Bedingungen der weiteren Gestaltung der entwickelten sozialistischen Gesellschaft und der damit im Zusammenhang stehenden stärkeren Dynamik und Komplexität der Entwicklung der gesellschaftlichen Verhältnisse neue, erhöhte Anforderungen sowohl an die Theorie der Rechtsbildung als auch an die Theorie der Wirkung des sozialistischen Rechts. Hier gilt es, wirksame Varianten für die Rechtspraxis auszuarbeiten, die den Anforderungen dieses Verhältnisses — Stabilität des sozialistischen Rechts und Dynamik der gesellschaftlichen Entwicklung — gerecht werden können.

Eine mögliche Variante ist im dargestellten Sinne der bewußte Einsatz von Bewertungsbegriffen. Soweit — so gut. Nun soll aber hier *nicht nur* eine Lanze für den Einsatz von Bewertungsbegriffen gebrochen werden, sondern auch auf damit im Zusammenhang stehende, teilweise offene Fragen aufmerksam gemacht werden.[2] Denn mit dem Einsatz von Bewertungsbegriffen wird zwar grundsätzlich den Anforderungen der sozialistischen Gesetzlichkeit unter dem Aspekt der Stabilität des sozialistischen Rechts entsprochen, gleichzeitig treten aber mit der Konkretisierung dieser Begriffe eine Reihe von Problemen auf, die die Durchsetzung der sozialistischen Gesetzlichkeit im Rechtsanwendungsprozeß und die Rechtssicherheit der Bürger ebenso tangieren. Sie betreffen insbesondere den zweiten Aspekt der Stabilität des sozialistischen Rechts, nämlich die stabile und gleiche Rechtsanwendung, und bedürfen einer näheren Untersuchung. Zu ihnen sind in etwa folgende Fragenkomplexe zu zählen:

— Welches sind die Grenzen für den Rahmen der Bewertungsbegriffe? (Wie weit kann und darf der Spielraum des Rechtsanwenders bei der Konkretisierung von Bewertungsbegriffen innerhalb des Gesetzes sein?)
— Wer schafft wie einheitliche Kriterien für die Konkretisierung von Bewertungsbegriffen? (Hier geht es um die Sicherung „des gleichen Urteils zum gleichen Sachverhalt“.)
— Welche Notwendigkeiten und Möglichkeiten gibt es für den Bürger, die wichtigsten Konkretisierungsakte von Bewertungsbegriffen zur Kenntnis zu nehmen?
— Welche a) spezifisch juristischen und b) gesamtgesellschaftlichen Kontrollmöglichkeiten gibt es für die Konkretisierung von Bewertungsbegriffen?

Die damit aufgeworfenen Probleme stehen in enger Verbindung mit einer für die strikte Durchsetzung der sozialistischen Gesetzlichkeit im praktischen Rechtsleben außerordentlich bedeutsamen Frage, nämlich der nach dem Rechtscharakter von Konkretisierungsstufen: Wird im Prozeß der Konkretisierung neues Recht gesetzt oder ist die Konkretisierung ein Vorgang der Anwendung bzw. Verwirklichung des Rechts?

In den vorangegangenen Ausführungen wurde versucht, deutlich zu machen, daß die Konkretisierung auf der Grundlage und im Rahmen der Rechtsnorm zu erfolgen hat und daß die Konkretisierungsstufen Vermittlungsglieder zwischen der Rechtsnorm und der gesellschaftlichen Wirklichkeit sind. Konkretisierung ist folglich keine gesetzgeberische Aktivität, sondern ein objektiv notwendiger Prozeß der Durchsetzung des Inhalts des geltenden Rechts. Die Konkretisierung, insbesondere die Konkretisierungsstufen leisten indes einen wichtigen Beitrag zur allseitigen Durchsetzung der sozialistischen Gesetzlichkeit.

Ein außerordentlich wichtiges und praktisches Problem ist die Gewährleistung einer *einheitlichen* Gesetzlichkeit. Das betonte Lenin, indem er feststellte, daß es nicht eine Kalugaer und Kasaner Gesetzlichkeit geben kann, sondern daß die Gesetzlichkeit für ganz Rußland und sogar für die gesamte Föderation der Sowjetrepubliken einheitlich sein muß.[3] In diesem Sinne kann man sagen, daß ohne die Gewährleistung einer einheitlichen Rechtsanwendung nicht von Gesetzlichkeit gesprochen werden kann.

Mit den Konkretisierungsstufen werden einheitliche Kriterien und Richtwerte für die Konkretisierung der Rechtsnormen vorgegeben. Sie sind dadurch ein wichtiges Leitungsinstrument zur Gewährleistung einer einheitlichen Gesetzlichkeit. Wäre dem nicht so, könnte es große praktische Folgen haben. Dann wäre das Anwenden der Rechtsnorm, das Ausfüllen des mehr oder weniger großen (und objektiv notwendigen) Rahmens der Rechtsnorm allein vom individuellen Rechtsbewußtsein des Rechtsanwenders abhängig. Dieses individuelle Rechtsbewußtsein soll keineswegs unterschätzt werden, aber sein Inhalt wird doch wesentlich durch die subjektiven Erfahrungen und Erlebnisse des einzelnen geprägt. So kann z. B. in einem Kreis mit wenig Kriminalität das gleiche Delikt vom Richter als schwerer empfunden werden als in einem Kreis, wo häufiger auch schwerere Kriminalität auftritt, was beispielsweise zu unterschiedlichen Entscheidungen innerhalb des vorgegebenen Strafrahmens führen könnte.

Angelpunkt des Rechtscharakters der Konkretisierungsstufen ist, daß sich die Konkretisierung im Rahmen der Rechtsnorm bewegen muß. Eine Konkretisierung contra legem widerspricht der sozialistischen Gesetzlichkeit. Allerdings ist die Konkretisierung ein Vorgang, der u. U. Widersprüche zwischen der Rechtsnorm und der gesellschaftlichen Wirklichkeit aufdeckt. Werden diese Widersprüche vom Rahmen der Rechtsnorm nicht erfaßt, ist es Aufgabe des jeweiligen Leitungsorgans, bei den zuständigen Rechtsetzungsorganen eine Neufassung der gesetzlichen Bestimmungen anzuregen. Gleichzeitig soll an dieser Stelle noch einmal der schöpferische Charakter der Konkretisierung betont und auf ihren Anteil an der Rechtsbildung verwiesen werden. Meines Erachtens ist es auch an der Zeit, darüber nachzudenken, ob der Begriff der Rechtsfortbildung diesen schöpferischen Anteil der Konkretisierung auf der Grundlage und im Rahmen der Rechtsnorm erfassen könnte.

Das Problem des Rechtscharakters von Konkretisierungsstufen wäre aber nicht in seinem ganzen Umfang angesprochen, wenn man nicht auch zu der Feststellung käme, daß bestimmte Konkretisierungsstufen praktisch wie Rechtsnormen wirken und (dem äußeren Anschein nach) allgemeinverbindlich zu sein scheinen. Das hängt mit der Stellung des jeweiligen Organs im Leitungsprozeß und der Spezifik seines Aufgabengebietes zusammen, das solche Konkretisierungsstufen entwickelt. Damit wird unterstrichen, daß es nicht sinnvoll ist, abstrakt über Konkretisierungsstufen zu schreiben. Mehr noch: Das Problem des Rechtscharakters von Konkretisierungsstufen kann nur konkret an der Stellung der jeweiligen Organe, die Konkretisierungsstufen entwickeln, erörtert werden. Deshalb soll einiges dazu im folgenden am Beispiel der Rechtssätze des Obersten Gerichts dargelegt werden.

Rechtssätze haben — wie bereits festgestellt — große praktische Bedeutung. Deshalb ist die Frage nach dem Charakter dieses Leitungsinstruments für die Rechtspraxis von unmittelbarem Interesse. Die Klärung des Charakters der Leitungsentscheidungen des Obersten Gerichts ist ein Problem, das, wie Bratus feststellte, von der marxistischen Rechtstheorie noch gelöst werden muß.[4]

Ausgangspunkt der folgenden Betrachtungen ist, daß eine Bindung der nachgeordneten Gerichte an die durch das Oberste Gericht in seiner Rechtsprechung aufgestellten Rechtssätze — im Unterschied zu den Richtlinien des Obersten Gerichts — gesetzlich nicht fixiert ist. Hinzu kommt, daß in der marxistischen Rechtstheorie unterschiedliche Meinungen zum Charakter der Rechtssätze bzw. der Rechtsprechung der Obersten Gerichte überhaupt existieren.[5] Speziell in der juristischen Literatur der DDR gibt es relativ wenig Äußerungen zu dieser Problematik (eigentlich nur Randbemerkungen), aber auch diese sind uneinheitlich. Sie reichen von der Charakterisierung der Rechtssätze als „Richtschnur“ bis zur „unbedingten Verbindlichkeit“.[6]

In der Praxis der richterlichen Rechtsanwendung werden die durch die Rechtsprechung des Obersten Gerichts aufgestellten Rechtssätze häufig als bindend angesehen. Das soll zu belegen versucht werden.

Das Oberste Gericht selbst verweist bei der Begründung von Kassations- und Berufungsentscheidungen häufig auf schon durch Urteile des Obersten Gerichts aufgestellte Rechtssätze und rügt ihre Nichtbeachtung. Das geht aus einer Untersuchung der in der „Neuen Justiz“ veröffentlichten Urteile aus den Jahren 1972 bis 1979 hervor. In 80,4% aller dort in diesem Zeitraum veröffentlichten Urteile wurde auf Rechtssätze aus schon vorangegangenen Urteilen verwiesen. Weiterhin werden häufig nebeneinander gesetzliche Bestimmungen einerseits und Entscheidungen des Obersten Gerichts andererseits zur Begründung angeführt. Dadurch kann der Eindruck einer bestimmten Gleichrangigkeit, einer gleichen Verbindlichkeit entstehen.[7]

Zusammenfassend läßt sich feststellen, daß sowohl in der rechtswissenschaftlichen Literatur als auch in der Praxis der Charakter des Rechtssatzes nicht eindeutig bestimmt ist.

Ausgehend davon, daß der Rechtssatz

- aus Anlaß der Entscheidung eines konkreten Rechtskonflikts vom Obersten Gericht als dem höchsten Rechtsprechungsorgan aufgestellt wird,
- auf der Grundlage und im Rahmen der Rechtsnorm ergeht und
- von seinem Generalisierungsgrad zwischen der Rechtsnorm und dem Individualakt steht,

kann man die Schlußfolgerung ziehen, daß der Rechtssatz keine juristische Norm oder Rechtsquelle[8] darstellt und damit auch keine Allgemeinverbindlichkeit besitzt.

Bürger A kann — das läßt sich zunächst einmal feststellen — mit Bürger B auf der Grundlage der entsprechenden Rechtsnormen ein Rechtsgeschäft vollziehen, ungeachtet eines zu den entsprechenden Rechtsnormen aufgestellten Rechtssatzes des Obersten Gerichts. Darüber hinaus besitzt der Rechtssatz auch nicht die in den §§ 39 (1), 40 (1) GVG ausdrücklich geregelte Verbindlichkeit der Richtlinien und Beschlüsse des Obersten Gerichts. Ist er also doch nur eine unverbindliche Einzelentscheidung? Auch das muß verneint werden und wurde ja auch schon durch die Darstellung der praktischen Bedeutung der Rechtssätze zu widerlegen versucht.

Die Rechtssätze besitzen für die Gerichte eine bestimmte Autorität, sie geben, wie Toeplitz sagt, „den Gerichten eine *Orientierung* für ihre Rechtsprechung auf den verschiedensten Gebieten“ (Hervorhebung — v. Vf.).[9] Sie müssen demzufolge durch die nachgeordneten Gerichte beachtet werden. „*Beachtet werden*“ ist aber m. E. weder identisch mit „allgemeinverbindlich“ noch mit der Auffassung, daß es den nachgeordneten Gerichten freisteht, sich an Rechtssätzen des Obersten Gerichts zu orientieren oder nicht. Der demokratische Zentralismus als Organisations- und Leitungsprinzip des sozialistischen Staates, dessen Wesen in der Einheit von zentraler Leitung und Planung und demokratischer Initiative und Mitarbeit besteht, wirkt auch im Gerichtssystem, das Teil des einheitlichen Systems der sozialistischen Staatsmacht ist.

Alle Aussagen, die im Zusammenhang mit der Annahme des neuen Parteiprogramms der SED im Jahre 1976 zur strikten Anwendung des Prinzips des demokratischen Zentralismus gemacht worden sind, gelten auch voll für das Gerichtssystem.[10] Für das Oberste Gericht heißt das, wie Toeplitz betont, die vorausschauende, politisch richtige

Lösung von Grundproblemen der Rechtsprechung mit konkreten Orientierungen und politisch-fachlicher Anleitung der nachgeordneten Gerichte sowie mit einer straffen Kontrolle über die Durchführung seiner Leitungsdokumente und Orientierungen zu verbinden. Damit soll gesichert werden, daß jeder einzelne Konflikt „in die konkreten gesellschaftlichen Zusammenhänge eingeordnet und auf der Grundlage unserer Gesetze juristisch exakt und gesellschaftlich wirksam gelöst wird".[11] Das gilt in vollem Umfang auch für die Funktion der Rechtssätze des Obersten Gerichts, denn: das „Prinzip des demokratischen Zentralismus gebietet... auch, daß die nachgeordneten Gerichte, insbesondere die für die Einheitlichkeit der Rechtsprechung im Territorium verantwortlichen Bezirksgerichte, die Grundsatzrechtsprechung des Obersten Gerichts kennen und beachten bzw. über grundsätzliche Fragen der Rechtsprechung das Oberste Gericht informieren".[12] Dabei ist es durchaus möglich, daß die nachgeordneten Gerichte bei ihrer Entscheidungsfindung zu dem Ergebnis kommen, daß sie auf Grund bestimmter neuer Gesichtspunkte von einem Rechtssatz des Obersten Gerichts abweichen müssen. Wenn das Oberste Gericht diese Abweichung für begründet hält, müßte es dann seinen entsprechenden Rechtssatz aufgeben.[13]

Wichtig erscheint in diesem Zusammenhang auch der Hinweis auf folgendes Problem zu sein: Das Oberste Gericht besitzt in gewissem Sinne eine Garantie für die Beachtung seiner Rechtssätze. Sie besteht darin, daß das OG nicht nur höchstes Leitungsorgan im Gerichtssystem, sondern auch höchstes Rechtsprechungsorgan der DDR ist. Das heißt, daß das Oberste Gericht, wenn es die Nichtbeachtung seiner Rechtssätze bei der Entscheidung konkreter Rechtskonflikte durch nachgeordnete Gerichte für unbegründet hält, diese durch die Kassation aufheben kann.[14]

4.2. Zum Verhältnis von „Richterrecht" und Konkretisierung

Zum dargelegten Verhältnis von Konkretisierungsstufen und Rechtsnormen gibt es in der Literatur auch grundsätzlich andere Auffassungen.

Eine wichtige Position wird vom ungarischen Rechtstheoretiker Vilmos Peschka zur Diskussion gestellt. In seinem Buch „Grundprobleme der modernen Rechtsphilosophie" erörtert Peschka auch das Verhältnis von Gesetzes- und Richterrecht.[15] Die historische Entwicklung dieses Verhältnisses systematisierend, arbeitet er drei s. E. bis heute zu beobachtende Grundrelationen heraus:

a) das Richterrecht wird vom Gesetz *zugelassen*;
b) das Richterrecht wird vom Gesetz *verboten*;
c) das Richterrecht kommt *trotz* gesetzlichen *Verbots* zur Geltung.

Nachdem unter a) und b) sowohl historische als auch gegenwärtige Beispiele aus den bürgerlichen Staaten aufgezählt werden, wird unter c) als Beispiel für die richterliche Rechtserzeugung trotz gesetzlichen Verbots die Rechtsprechung der Obersten Gerichte der sozialistischen Staaten angeführt. Hierbei wird betont, daß es sich *nicht* um das durch die Verfassungen geregelte Verfahren handelt, wonach die Obersten Gerichte befugt sind, zur Leitung einer einheitlichen Gerichtspraxis im Rahmen der Auslegung der Rechtsnormen prinzipielle Entscheidungen zu erlassen. Es geht ihm um solche Fälle, wo die Obersten Gerichte die Grenze der Rechtsnorm überschreiten und neue Normen, die zum Teil dem Gesetz widersprechen, erzeugen. Beweis dafür, daß dem so sei, ist für ihn vor allem die in der rechtswissenschaftlichen Literatur der sozialistischen Länder geführte Polemik gegen den Rechtsquellencharakter der prinzipiellen Entscheidungen der Obersten Gerichte.

Sicher wird man auch hier und da in der Rechtsprechung der Obersten Gerichte der sozialistischen Länder Beispiele finden, wo die Antwort schwerfällt, ob hier die Grenze oder der Rahmen der bestehenden Rechtsnorm bereits überschritten wurde oder nicht. Das soll nicht bestritten werden. Man muß aber betonen, daß dies die Ausnahme ist. Für die Rechtswissenschaft stellt sich das als ein Problem der genaueren Bestimmung von Kriterien für die Feststellung des Rahmens der Rechtsnorm dar.[16]

Insofern ist die These, die Existenz des sogenannten Richterrechts sei Tatsache und daraus folge, daß die marxistische Rechtstheorie, die immer danach strebte und strebe, aus den Gesetzmäßigkeiten des entdeckten Wesens der Erscheinungen zu theoretischen Konklusionen zu gelangen, dies auch bezüglich der weiteren Entwicklungsrichtung des sozialistischen Rechtsquellensystems tun müsse,[17] nicht ohne Widerspruch zu akzeptieren bzw. kann nicht die einzige und alleinige Schlußfolgerung sein. Wenn man solch eine Forderung an die Theorie stellt, hätte zumindest die Frage beantwortet werden müssen, was die richterliche Rechtserzeugung in der sozialistischen Gesellschaft soll und kann, d. h., was ihre Ursachen sind und welche Aufgaben sie zu erfüllen hat.

Die *allgemeine* Geltung als Kennzeichen einer Rechtsquelle erhalten nach Peschkas Meinung die rechtserzeugenden Entscheidungen des Obersten Gerichts dadurch, daß sie wegen der speziellen Stellung des Obersten Gerichts im System der Staats- und insbesondere der Gerichtsorgane schon zur Zeit ihrer Schaffung für alle Gerichte eine verbindliche Kraft besitzen.[18] Obwohl die hier zum Ausgangspunkt genommene gesetzlich fixierte Verbindlichkeit der Entscheidungen des Obersten Gerichts für die nachgeordneten Gerichte m. E. noch nicht ihren Rechtsquellencharakter begründet, sei darauf verwiesen, daß eine solche für das Gerichtssystem geltende Verbindlichkeit nicht in allen sozialistischen Ländern gesetzlich fixiert wurde. Allein insofern ist eine daraus gezogene Schlußfolgerung zur richterlichen Rechtserzeugung nicht zutreffend.

Ein wichtiger Vorzug des „Richterrechts" generell, d. h., nicht nur auf die Rechtsprechung des Obersten Gerichts bezogen, wird von Peschka darin gesehen, daß es sehr gut auf Veränderungen in den gesellschaftlichen Verhältnissen reagieren könne und sich deshalb durch große Elastizität, Fluidität auszeichne; wobei hieraus allerdings auch ein wesentlicher Nachteil — sein unbestimmter Charakter und damit Rechtsunsicherheit — resultiert.[19]

Darüber hinaus müßten in die Erörterung dieses Problems auch noch Überlegungen einbezogen werden, die das Verhältnis von Recht und gesellschaftlicher Wirklichkeit betreffen. Das Recht ist zwar materiell determiniert, aber dennoch besteht keine lineare, automatische Verbindung zwischen ihm und den Veränderungen in der gesellschaftlichen Wirklichkeit.

Das Recht kann nicht außerhalb seiner Bedingtheit durch die sozialökonomische Ordnung erklärt werden. Das heißt aber nicht, daß das Recht ein einfacher Abdruck der Ökonomik ist.[20] Das sozialistische Recht ist im Marxschen Sinne staatlicher Wille, denn „die ... herrschenden Individuen müssen abgesehen davon, daß ihre Macht sich als *Staat* konstituieren muß, ihrem durch diese bestimmten Verhältnisse bedingten Willen einen allgemeinen Ausdruck als Staatswillen geben, als Gesetz ..."[21] Das heißt, zwischen den Veränderungen in der gesellschaftlichen Wirklichkeit und dem Recht liegt die staatliche Entscheidung, *ob* und *inwieweit* diese Veränderungen in der gesellschaftlichen Wirklichkeit der rechtlichen Regelung bedürfen, weil, wie Lenin sagt, ein Gesetz eine politische Maßnahme, Politik ist.[22]

Einen möglichen theoretischen Ansatz für die weitere Klärung des umstrittenen Problems des „Richterrechts" im Sozialismus liefert eher jene These Peschkas, wonach die „bestimmte Weise und Form der Rechtsbildung, das Richterrecht und auch die richterliche Rechtserzeugung ... sich als Ergebnis der eigentümlichen Verzahnung der Tätigkeit der rechtserzeugenden und rechtsanwendenden, im allgemeinen der staatlichen Organe, als Ergebnis ihrer Wechselbeziehungen und Zusammenhänge (entfalten)".[23]

Sich mit Montesquieus klassischer Lehre über die Teilung der Staatsgewalt auseinandersetzend, kommt auch Peschka, gestützt auf die Marxschen Aussagen, zu der Schlußfolgerung, daß es sich nicht um die Teilung der Staatsgewalt, um die Trennung der Zweige der Staatsgewalt, sondern um eine sich in der Funktion der Staatsorgane manifestierende Arbeitsteilung handelt und man deshalb auch nicht Gesetzgebung und Rechtsprechung gegenüberstellen kann.[24]

Das bedeutet m. E. jedoch nicht, daß man sie identifizieren bzw. daraus eine Rechtfertigung für eine rechtserzeugende Tätigkeit der Rechtsprechungsorgane ableiten und die konkrete Natur des jeweiligen Leitungsprozesses außer acht lassen kann. Jedes Organ der staatlichen Leitung — auch die Rechtsprechung — hat seine spezifische Stellung im staatlichen Leitungsprozeß. Ausdruck dessen ist sowohl seine soziale Bestimmung und Funktion als auch die Organisationsstruktur, sind die Formen und Methoden seiner Tätigkeit. Zusammengenommen stellen die verschiedenen Organe ein dynamisches und geschlossenes System der staatlichen Leitung dar, dessen fester Bestandteil auch die Justizorgane sind.

Der Aufbau eines neuen, sozialistischen Gerichtssystems ist, wie Lenin feststellte, ein *Teil* der großen Aufgabe, die Diktatur des Proletariats zu errichten und zu festigen. Deshalb ist das Zerschlagen der alten, bürgerlichen Gerichtsinstitutionen — wie des gesamten bürgerlichen Staatsapparates — und ihr Ersetzen durch ein neues, sozialistisches Gerichtssystem unbedingte Pflicht der proletarischen Revolution.[25] Diese Grundwahrheit der marxistisch-leninistischen Revolutionstheorie ist durch die geschichtliche Praxis der revolutionären Umwälzung in der DDR einmal mehr bestätigt und erhärtet worden. Fragen der Justiz und des Gerichts speziell sind in der Tat Staats- und somit Machtfragen, denn „... das Gericht ist eine staatliche Institution, die Tätigkeit des Gerichts ist ein Teil der Staatsgeschäfte".[26]

Die Justizorgane tragen mit ihrer Tätigkeit wesentlich zur Lösung gesamtstaatlicher Aufgaben bei. Ihre Tätigkeit dient, wie im Art. 90 der Verfassung der DDR festgelegt, dem Schutz und der Entwicklung unseres Staates und seiner Staats- und Rechtsordnung, dem Schutz der Freiheit, des friedlichen Lebens, der Rechte und der Würde des Menschen. Der Schutz der Rechtsordnung und die Verwirklichung der Rechtspflege gehören zu den elementaren Ausdrucks- und Erscheinungsformen der Souveränität des Staates. Die Realisierung dieser Funktionen durch das entsprechende Staatsorgan — also das Gericht — erfolgt nicht im Namen dieses einzelnen Organs, sondern im Namen des Staates insgesamt.[27] Insofern treten die Gerichte als Repräsentanten des sozialistischen Staates auf. Daraus folgt auch die Verantwortung des Staates für das Wirken jedes einzelnen Richters[28] und zugleich die persönliche Verantwortung jedes Richters gegenüber dem Staat.[29]

Grundlage des Systems der sozialistischen Staatsorgane sind bekanntlich die Volksvertretungen.[30] Durch sie vor allem wird die politisch-staatliche Macht durch die Arbeiterklasse und ihre Verbündeten ausgeübt, wobei die Einheit der Staatsmacht — die auf dem Prinzip des demokratischen Zentralismus beruht — vor allem dadurch gewährleistet wird, daß die Volkskammer das oberste staatliche Machtorgan und das einzige verfassungs- und gesetzgebende Organ der DDR darstellt (Art. 48 Abs. 1 und 2 der Verfassung). Dieser Grundsatz gilt auch in bezug auf die Rechtsprechungsorgane und ihre Stellung im Staatsmechanismus. Die Beschlüsse der Volksvertretungen, vor allem der Volkskammer bilden die Grundlage ihrer Tätigkeit.

Rechtsprechung ist also auch staatliche Machtausübung auf der Grundlage der Rechtsvorschriften, d. h. vor allem der staatlichen Entscheidungen der obersten Volksvertretung. Daß das kein automatischer, schematischer Prozeß, sondern eine schöpferische, verantwortungsvolle Aufgabe ist, wurde schon mehrfach betont. Nur diese schöpferische Aufgabe hat ihre Grundlage und zugleich ihre Grenzen — die Rechtsvorschriften. Räumt man den Rechtsprechungsorganen die Befugnis ein (egal, ob gesetzlich fixiert oder in der Praxis stillschweigend geduldet), *Recht zu setzen*, beschneidet man die Macht der obersten Volksvertretung, tastet das Grundprinzip der Einheit des sozialistischen Staates und damit die Machtausübung durch die Arbeiterklasse und ihre Verbündeten an.[31] Deshalb hat das „Richterrecht“ m. E. im Sozialismus *keine* Existenzberechtigung.[32]

Allerdings wird damit nicht in Frage gestellt, daß das Richterrecht unmittelbar nach der Machtübernahme durch die Arbeiterklasse eine Rolle gespielt hat. Das war dadurch bedingt, daß die alten bürgerlichen Gesetze zum überwiegenden Teil nicht anwendbar waren oder entsprechender Auslegung bedurften und neue, sozialistische Gesetze noch nicht existierten.[33] Die vorgenommene Abgrenzung zwischen Rechtsbildung und Rechtsanwendung bedeutet auch nicht, daß die Rechtsprechung keine Bedeutung für die Rechtsbildung hat. Es sei hier nur noch einmal ausdrücklich auf die oben dargelegte Bedeutung der Konkretisierungsstufen für die Gesetzgebung und die dort angeführten Beispiele aus dem Zivilgesetzbuch verwiesen.

4.3. Exkurs: Zum Rechtsbewußtsein der Juristen bei der Sicherung der sozialistischen Gesetzlichkeit

In den Veröffentlichungen, die sich in den letzten Jahren mit dem Wirkungsprozeß des sozialistischen Rechts befaßten, nimmt das Rechtsbewußtsein einen wichtigen Platz ein.[34] Daran anknüpfend läßt sich feststellen, daß man auch Probleme der Konkretisierung des sozialistischen Rechts nicht erörtern kann, ohne nach dieser Beziehung zu fragen.

Unabhängig von der Art der Konkretisierung, ob sie unmittelbar durch den Rechtsnormadressaten erfolgt oder durch ein Rechtsanwendungsorgan, hängt die Qualität der Konkretisierung des Rechts wesentlich vom Rechtsbewußtsein des Rechtsnormadressaten bzw. des Rechtsanwenders als den „Trägern“ der Konkretisierung ab. Allerdings ist dies dann schwer feststellbar, wenn der Bürger die Rechtsnorm konkretisiert. Daher wird im folgenden diese Beziehung auf die durch die Leiter vorzunehmende Konkretisierung innerhalb der Rechtsanwendung eingeengt. Das auch deshalb, weil zum einen hier — im Unterschied zur Rechtsverwirklichung unmittelbar durch den Bürger — bestimmte Objektivierungen der Konkretisierung vorliegen, wie z. B. Rechtssätze, Richtlinien usw., und weil zum anderen auch in der bisherigen Arbeit die Konkretisierung auf einem Gebiet der staatlichen Leitung — speziell der richterlichen Rechtsanwendung — untersucht wurde. Es ist also ein Versuch der „indirekten" Messung des Rechtsbewußtseins anhand der Resultate richterlicher Rechtsanwendung.

Wenn festgestellt wurde, daß die Qualität der Konkretisierung wesentlich vom Rechtsbewußtsein der „Träger" der Konkretisierung, der Leiter, abhängt, dann entsteht zunächst die Frage, ob man überhaupt von einem Rechtsbewußtsein der Leiter als einer besonderen Strukturform sprechen kann. Dabei kann es keinesfalls darum gehen, ein Rechtsbewußtsein der Leiter außerhalb des Klassenbewußtseins der Arbeiterklasse zu konstruieren. Die Leiter in unserer Gesellschaft üben ihre Aufgaben im Auftrag der herrschenden Arbeiterklasse und ihrer Verbündeten aus. Es geht also, wenn über das Rechtsbewußtsein der Leiter gesprochen wird, nicht um eine Separierung, eine Abtrennung der Leiter von der Arbeiterklasse und den anderen werktätigen Klassen und Schichten, sondern um die Herausarbeitung bestimmter Modifikationen.

Ausgehend von den verschiedenen Klassen und Schichten unserer sozialistischen Gesellschaft, lassen sich bestimmte soziale Gruppen unterscheiden, deren Wesenszüge sich auf der Grundlage bestimmter Berufs- und Qualifikationsmerkmale herausbilden. Schon Marx wies bekanntlich darauf hin, „daß die den verschiednen Bedürfnismassen entsprechenden Massen von Produkten verschiedne und quantitativ bestimmte Massen der gesellschaftlichen Gesamtarbeit erheischen. Daß diese *Notwendigkeit der Verteilung* der gesellschaftlichen Arbeit in bestimmten Proportionen durchaus nicht durch die *bestimmte* Form der gesellschaftlichen Produktion aufgehoben, sondern nur *ihre Erscheinungsweise* ändern kann, ist self-evident".[35] Das heißt mit anderen Worten, daß jede Gesellschaft immer bestimmte Beschäftigte für ganz bestimmte Arbeiten braucht — auch die sozialistische Gesellschaft. „Deshalb wird es in der Gesamtheit der Werktätigen", wie Smirnow feststellt, „immer Menschengruppen geben, die sich voneinander nach den von ihnen im jeweiligen Moment auszuführenden Arbeitsarten unterscheiden."[36]

Es ist weiterhin davon auszugehen, daß mit diesen unterschiedlichen Tätigkeitsarten in der sozialistischen Gesellschaft auch spezifische Arbeits- und Lebensbedingungen verbunden sind, die zu bestimmten Bedürfnissen und Interessen führen. Man kann sagen, daß die Spezifik der Aufgaben die spezifischen Interessen einer sozialen Gruppe bestimmt und somit ihre Unterschiede zu anderen sozialen Gruppen. Dies muß sich auch in der Sphäre des Bewußtseins widerspiegeln, d. h., daß man innerhalb des gesamtgesellschaftlichen Bewußtseins von einem Gruppenbewußtsein verschiedener sozialer Gruppen, wie z. B. der Leiter, sprechen kann. Insoweit kann man sicherlich mit einiger Berechtigung die These vertreten, daß das Rechtsbewußtsein der Leiter vergleichbar ist mit dem Rechtsbewußtsein einer sozialen Gruppe.

Wie auch an anderen Stellen dieses Beitrages nicht schlechthin über die Konkretisierung des Rechts geschrieben wurde, soll auch hier nicht allgemein das Rechtsbewußtsein der Leiter erörtert werden, sondern das Rechtsbewußtsein der in der richterlichen Rechtsanwendung tätigen Leiter — der Juristen. Diese Frage wird vor allem in der sowjetischen juristischen Literatur lebhaft diskutiert, so z. B. von Kudrjawzew,[37] Nasarenko[38] und Bluvštejn.[39] Die folgenden Ausführungen sollen zur weiteren Erörterung dieses Problems, insbesondere in der Rechtswissenschaft der DDR beitragen.

Es ist in diesem Zusammenhang zweckmäßig, sich auf Engels zu besinnen, auch wenn bestimmte Aussagen dabei wiederholt werden. Die Berufsgruppe der Juristen entsteht — historisch betrachtet — als Folge der Arbeitsteilung in der Klassengesellschaft und der Herauslösung des Staatsapparates aus der Gesellschaft. Engels schrieb dazu: „Die Gesellschaft erzeugt gewisse gemeinsame Funktionen, deren sie nicht entraten kann. Die hierzu ernannten Leute bilden einen neuen Zweig der Teilung der Arbeit *innerhalb der Gesellschaft.* Sie erhalten damit besondre Interessen auch gegenüber ihren Mandataren, sie verselbständigen sich ihnen gegenüber, und — der Staat ist da." Und weiter: „Mit dem Jus ist es ähnlich: Sowie die neue Arbeitsteilung nötig wird, die Berufsjuristen schafft, ist wieder ein neues, selbständiges Gebiet eröffnet, das bei aller seiner allgemeinen Abhängigkeit von der Produktion und dem Handel doch auch eine besondre Reaktionsfähigkeit gegen diese Gebiete besitzt."[40]

Aus dem Wesen der *sozialistischen* Gesellschaft folgt, daß auch das Verhältnis zwischen Staat und Gesellschaftsmitgliedern, also auch Justiz und Gesellschaftsmitgliedern eine *neue Qualität* erhält. Das trifft sowohl für die Rechtsbildung als auch für die Rechtsverwirklichung zu, die der Durchsetzung der Interessen der Arbeiterklasse und zugleich — auf Grund dessen, daß die Arbeiterklasse keine Sonderinteressen vertritt — der Grundinteressen aller anderen Klassen und Schichten dienen. Des weiteren gibt es sowohl auf dem Gebiet der Rechtsbildung als auch der Rechtsverwirklichung die vielfältigsten demokratischen Mitwirkungsformen der Bürger.[41]

Die Berufsgruppe der Juristen besitzt also in der sozialistischen Gesellschaft einen qualitativ neuen Charakter. Das findet seinen Ausdruck auch darin, daß die Mehrzahl aller Richter unserer Gerichte aus der Arbeiterklasse stammt. So sind z. B. nahezu 75 Prozent aller an den Kreisgerichten der DDR tätigen Richter ihrer sozialen Herkunft nach Arbeiter.[42] Aus historischer Sicht betrachten Benjamin/Anders/Görner dieses Problem. In ihrer Monographie „Geschichte der Rechtspflege der DDR 1945—1949" (Berlin 1976, S. 118) heißt es: „Von großer Bedeutung für die Herausbildung der demokratischen Gesetzlichkeit war, wie die Justiz die Gesetze anwandte; und das wiederum hing entscheidend von den Kadern, den Richtern und Staatsanwälten ab ... Die Richter und Staatsanwälte aus der Arbeiterklasse vor allem waren es, die das Recht im demokratischen Geiste anwandten und sich von früheren Reichsgerichtsentscheidungen und bürgerlichen Kommentaren abwandten." Im Gegensatz dazu steht die soziale Herkunft der Richter in der BRD. Rasehorn gibt beispielsweise an, daß nur insgesamt 5 Prozent der Richter aus der sogenannten Unterschicht (Facharbeiter, angelernte Arbeiter usw.) stammen.[43]

In unserer Gesellschaft üben die Juristen ihre Tätigkeit im Auftrag der herrschenden Arbeiterklasse aus. Deshalb entspricht auch ihr Rechtsbewußtsein dem Rechtsbewußtsein der Arbeiterklasse. Es besitzt aber *darüber hinaus* bestimmte spezifische Züge. Das Rechtsbewußtsein der Juristen als eine Ebene zur Herausarbeitung der typischen und zugleich spezifischen Merkmale des Bewußtseins der Juristen hat m. E. seine Existenzberechtigung.

Bei der Analyse der Kategorie „Rechtsbewußtsein der Juristen" geht es wie bei jedem Gruppenbewußtsein um das Individuelle als Gruppentypisches,[44] aber vor allem um das gesellschaftliche Rechtsbewußtsein als das Berufsgruppentypische.

Die Existenz und die Rolle von gruppenmäßigem Rechtsbewußtsein werden allgemein anerkannt. Hierbei werden als Gruppe vor allem Arbeitskollektive oder gesellschaftliche Organisationen verstanden. Auf der Grundlage dieser gemeinsamen Interessen und einer bestimmten ideologischen Atmosphäre in den Beziehungen im Kollektiv kommt es zu einem relativ einheitlichen Verhältnis zum Recht. Es entsteht ein für die Berufsgruppe spezifisches Rechtsbewußtsein, das sich in den einzelnen Kollektiven ausprägt.

Das Rechtsbewußtsein der Juristen weist im Verhältnis zur Herausbildung anderer Formen des Gruppen-Rechtsbewußtseins (z. B. von Arbeitskollektiven) auf der Grundlage gleicher Klasseninteressen bestimmte Besonderheiten auf. Die Juristen stellen eine einheitliche Berufsgruppe dar; einheitlich deshalb, weil sie gleiche Pflichten zum Schutz der Rechtsordnung, der Durchführung der Rechtsprechung und der Gesetzlichkeitsaufsicht haben und auch die gleichen Methoden und Formen bei der Anwendung des Rechts, d. h. bei der Lösung von rechtlichen Konflikten anwenden. Hinzu kommen noch — und das ist m. E. wichtig für das Rechtsbewußtsein der Juristen — gleiche berufsethische Ansichten über die Durchsetzung des Rechts. Im Unterschied aber zu den Arbeitskollektiven und den Kollektiven der gesellschaftlichen Organisationen, die unmittelbare Beziehungen zueinander haben, bestehen zwischen den Juristen als Berufsgruppe wie bei vielen anderen Berufsgruppen keine *ständigen* unmittelbaren Beziehungen. Andererseits aber wird durch die Gemeinsamkeit der Aufgaben und Funktionen, die mit der Durchsetzung des Rechts verbunden sind, die Bildung gleicher Rechtsanschauungen, die einheitliche Bewertung des Rechts im Rahmen der beruflichen Tätigkeit gefördert.[45]

Im Zusammenhang mit der Frage, ob es ein Rechtsbewußtsein der Juristen gibt, wurde in der wissenschaftlichen Diskussion die Frage aufgeworfen, ob das nicht ein sogenanntes „wissenschaftliches Bewußtsein" ist. Meines Erachtens besteht zwischen dem Rechtsbewußtsein der Juristen und der Rechtswissenschaft als den wissenschaftlichen Rechtsideen keine Identität. Die Rechtswissenschaft als „das wissenschaftliche Rechtsbewußtsein" ist Teil, Entäußerungsform des gesellschaftlichen Rechtsbewußtseins. Im Rechtsbewußtsein der in der Rechtsanwendung tätigen Juristen ist dieser Teil, diese „wissenschaftliche Sphäre", der theoretisch-systematische Charakter, auf Grund der juristischen Ausbildung stark ausgeprägt. Das wird auch durch die von Ratinow vorgenommene Kennzeichnung des Rechtsbewußtseins der Juristen als ein „spezialisiertes Rechtsbewußtsein" ausgedrückt. Darüber hinaus gilt es aber zu beachten, daß das Rechtsbewußtsein der Juristen auf Grund dessen, daß im Rechtsanwendungsprozeß die Lösung von Rechtskonflikten und die Bestrafung von Rechtsverletzern im Vordergrund stehen, in bezug auf die Gesamtwirksamkeit des Rechts eine spezifische Reflexion enthalten kann.

Bestimmte Kategorien des gesellschaftlichen Rechtsbewußtseins treten in der Entscheidungsfindung, vermittelt über das Rechtsbewußtsein der Juristen, als Voraussetzung zur richtigen Erkenntnis der Rechtsnorm auf. Durch sie (z. B. die Leitungsinstrumente übergeordneter Organe) wird grundsätzlich eine genaue und einheitliche Rechtsanwendung gesichert. Das gesellschaftliche Rechtsbewußtsein formiert des weiteren das Prestige der Rechtspflegeorgane in der Gesellschaft und beeinflußt damit wesentlich die Atmosphäre, in der sich die Tätigkeit der Juristen vollzieht.[46]

Das Rechtsbewußtsein der Juristen als *eine* Form des gesellschaftlichen Rechtsbewußtseins weist — betrachtet man seine Grundelemente — verschiedene Besonderheiten auf.[47] So ist es Aufgabe des Juristen, die Klasseninteressen der Arbeiterklasse und damit die Grundinteressen aller Werktätigen bei der Konkretisierung sozialistischer Rechtsnormen durchzusetzen. Das setzt voraus, daß er über ein hohes, „komplexes" Bewußtsein verfügt, das die gesellschaftlichen Zusammenhänge umfassend widerspiegelt. Mit anderen Worten: Eine wichtige Voraussetzung für jeden Juristen ist ein ausgeprägtes Klassenbewußtsein.

Da die Juristen für die Ausübung ihrer Tätigkeit eine juristische Ausbildung absolvieren müssen (vgl. § 44 GVG), liegen ihre *Rechtskenntnisse*, die ihre beruflichen Fachkenntnisse sind, sowohl dem Umfang nach als auch in bezug auf das theoretisch-systematische Niveau über dem gesellschaftlichen Durchschnitt. Außerdem drückt sich hier konzentriert die Berufserfahrung der Juristen aus, die diese in eigenen Verhandlungen, Verhandlungen übergeordneter Gerichte (vor allem Kassations- und Instanzentscheidungen), Studium der rechtswissenschaftlichen Literatur usw. gewonnen haben.

Die generelle *Einstellung* der Juristen zum Recht, deren Beruf es ist, das Recht durchzusetzen, ist positiv. Der Hauptinhalt ihrer Einstellung zum Recht wird durch das Berufsethos der Juristen getragen. So heißt es im Art. 94 Abs. 1 der Verfassung sowie im § 44 GVG über die Voraussetzung zur Wahl als Richter: „Richter kann nur sein, wer dem Volk und seinem sozialistischen Staat treu ergeben ist und über ein hohes Maß an Wissen und Lebenserfahrung, an menschlicher Reife und Charakterfestigkeit verfügt." Gerade das ist eine wesentliche Besonderheit des Rechtsbewußtseins der Juristen. Diese Einstellung umfaßt auch die bei der Anwendung des Rechts entstehenden Vorstellungen über notwendige Veränderungen des geltenden Rechts,Hinweise für die Gestaltung von neuem Recht sowie für die Außerkraftsetzung bestimmter Rechtsnormen.

Betrachtet man die *Fähigkeiten* der Juristen zur Umsetzung der Rechtskenntnisse und Einstellungen, muß man zu ähnlichen Aussagen kommen wie bei der Betrachtung der Rechtskenntnisse. Auch der Umfang und die Qualität dieser Fähigkeiten der Juristen sind natürlich ungleich größer als im Durchschnitt der Bevölkerung, weil sie unmittelbares „Handwerkszeug" des Juristen sind und durch die Berufserfahrung angereichert werden. Mit Fähigkeiten der Juristen sind z. B. gemeint: die Fähigkeit zur Leitung des Verfahrens, zur Sachverhaltsermittlung und Bewertung usw., aber auch zur rechtserzieherischen Tätigkeit.[48] Die Fähigkeiten der Juristen können ihren Ausdruck auch in bestimmten Berufsgewohnheiten finden.

Auch in bezug auf die *Motive* des rechtsnormgemäßen Handelns, und zwar sowohl im persönlichen „außerdienstlichen" Handeln als auch in der rechtspraktischen Tätigkeit, unterscheiden sich die Juristen von anderen Gruppen. Bei den Juristen handelt es sich um durch stabile Überzeugung genährte und durch das Berufsethos gestützte Motive zur Durchsetzung der Gesetzlichkeit in allen Lebensbereichen.

Das Rechtsbewußtsein der Juristen erhält wesentliche Impulse in der Sphäre der Rechtsverwirklichung und hier vor allem in der Rechtsanwendung. Das ist deshalb so, weil der Rechtsanwendungsprozeß sowohl das Erkennen des Rechts (das Erschließen des staatlichen Willens), das Bewerten des Rechts und das Handeln mit Recht umschließt.

Das Rechtsbewußtsein der Juristen ist indes kein Idealbild, es weist auch bestimmte Schwächen auf. Dazu gehört, wie Kudrjawzew zutreffend feststellt, eine mögliche Einseitigkeit der Fachkenntnisse der Juristen. Sie resultiert u. a. aus der Notwendigkeit der Spezialisierung der Juristen z. B. auf bestimmte Rechtszweige, also einen Teil des einheitlichen Rechtssystems. Weiterhin besteht im Laufe der Jahre die Gefahr eines routinemäßigen, formalen Herangehens an die Lösung ihrer Aufgaben, einer gewissen inneren „Gleichgültigkeit".[49]

Diesen möglichen Tendenzen im Rechtsbewußtsein der Juristen kann auf verschiedene Weise entgegengewirkt werden. In diesem Sinne gelten auch Aussagen, die über die Tätigkeit von Staatsfunktionären allgemein gemacht werden, speziell für den Juristen. „Nicht zu unterschätzen für die bewußte Haltung zum sozialistischen Staat sind die Umgangsformen, die die Mitarbeiter der Staatsorgane mit den Bürgern pflegen, und die Art und Weise, wie die Anliegen der Bevölkerung beachtet, bearbeitet und entschieden werden ... Hierin besteht auch die sicherste Barriere gegen Erscheinungen des Bürokratismus und einer formalen Arbeitsweise."[50]

Von großer Bedeutung für die Tätigkeit der Juristen ist auch die Teilnahme von

Schöffen am Rechtsanwendungsprozeß, mittels der u. a. auch im gewissen Sinne den o. g. Tendenzen entgegengewirkt werden kann. Schöffen nehmen nach § 25 (2) GVG an allen Verhandlungen der Kreisgerichte, nach § 33 (2) GVG an denen der Bezirksgerichte und nach § 41 (4) GVG an den Arbeitsrechtsverhandlungen des Obersten Gerichts teil. Ausnahmen müssen gesetzlich fixiert sein.

Die Verfasser des Buches „Recht und Soziologie" vertreten zum Verhältnis Rechtsbewußtsein der Juristen und Rechtsbewußtsein der Schöffen folgende Auffassung: „Natürlich ist es bei der Betrachtung des Problems des Rechtsbewußtseins wichtig, nicht nur das der Richter, sondern auch das der Schöffen zu betrachten, die gleichberechtigte Mitglieder des Richterkollegiums sind. Der Richter, der von Berufs wegen im Gerichtsprozeß steht, kann und muß in bestimmter Weise das Rechtsbewußtsein der Schöffen formieren, da er genügend Möglichkeiten hat, um Fehlern der Schöffen bei der Lösung von Teilfragen und endgültigen Schlußfolgerungen zur Sache vorzubeugen."[51] Den Ausführungen ist zwar voll zuzustimmen, allerdings umfassen sie m. E. nur einen Aspekt des Verhältnisses Rechtsbewußtsein der Richter und der Schöffen. Nach diesen Ausführungen hätte das Rechtsbewußtsein der Schöffen im Prinzip keine direkte Aufgabe im richterlichen Rechtsanwendungsprozeß zu erfüllen. Eine mögliche, daraus resultierende Schlußfolgerung wäre, daß die demokratische Mitwirkung der Schöffen eine höchst einseitige, letztlich nur Formsache sei und keine inhaltliche Bedeutung hätte. Im sozialistischen Staat ist jedoch die Teilnahme von Schöffen am Gerichtsverfahren ein Ausdruck des demokratischen Wesens der Rechtspflege und eine Voraussetzung für ihre Verwirklichung. Die Teilnahme der Werktätigen an der Tätigkeit der Gerichte war für Lenin das wichtigste Prinzip bei der Verwirklichung der Rechtsprechung.[52]

Das Rechtsbewußtsein der Schöffen verkörpert zu einem großen Teil unmittelbar Rechtsbewußtsein der Arbeiterklasse (47,3 Prozent der Schöffen sind Angehörige der Arbeiterklasse). Vergleicht man das Rechtsbewußtsein der Juristen mit dem der Schöffen, so besitzen die Juristen gewöhnlich viel höhere Rechtskenntnisse als die Schöffen. Jedoch verfügen die Schöffen über praktische Arbeits- und Lebenserfahrungen vor allem im Bereich der materiellen Produktion, aber auch in anderen Bereichen des gesellschaftlichen Lebens, die die relativ einseitigen Fachkenntnisse des Juristen günstig ergänzen können. Damit tritt im Prozeß der richterlichen Rechtsanwendung eine Komponente auf, deren Bedeutung für die Rechtsbewußtseinsentwicklung der Juristen nicht unterschätzt oder gar ignoriert werden darf. Daß in diesem wechselseitigen Prozeß zugleich das Rechtsbewußtsein der Schöffen entwickelt, insbesondere das Niveau ihrer Rechtskenntnisse gehoben wird, ist notwendige und wichtige *Folge* zugleich, aber nicht *das* Ziel der Mitwirkung der Schöffen im Rechtsanwendungsprozeß. Das Rechtsbewußtsein der Schöffen, die nach § 5 (3) GVG die richterliche Funktion mit den gleichen Rechten und Pflichten eines Richters ausüben, muß dementsprechend auch inhaltlich gestaltend im Prozeß der richterlichen Rechtsanwendung zum Tragen kommen — und tut es auch.

Bestimmte Anhaltspunkte über den Stand des Rechtsbewußtseins der Schöffen und seine Rolle im Rechtsanwendungsprozeß zeigte u. a. eine Untersuchung, die im Bezirk Potsdam vorgenommen wurde. Diese Untersuchung, in der Berufsrichter und Schöffen unabhängig voneinander anhand eines vorgegebenen Falles (Eigentumsdelikt) das Strafmaß festsetzen sollten, ergab, daß sich 57 % der Berufsrichter und 54,6 % der Schöffen für das richtige Strafmaß entschieden haben.[53] Das orientiert auf jeden Fall auf ein Rechtsbewußtsein der Schöffen, das ihre aktive Teilnahme am Rechtsanwendungsprozeß im o. g. Sinne ermöglicht; wobei allerdings noch näher zu untersuchen wäre, inwieweit die einzelnen

Strukturelemente im Rechtsbewußtsein der Berufsrichter und der Schöffen in bezug auf die Entscheidung differieren.

Bei Nasarenko finden wir die Meinung, daß sich das Rechtsbewußtsein der Juristen, die in der staatlichen Verwaltung arbeiten, in den Normativakten dieser Organe objektiviert, daß dies aber nicht für das Rechtsbewußtsein der in der Rechtspflege tätigen Juristen zutreffe.[54] Meines Erachtens gilt es zu überlegen, ob nicht das Rechtsbewußtsein des Richterkollegiums (also sowohl das Rechtsbewußtsein des Berufsrichters als auch das der Schöffen) sich auch insofern objektiviert, als es seinen Niederschlag in der Begründung einer Entscheidung findet. Der Erlaß eines Normativaktes in der Verwaltung und die richterliche Entscheidung erfolgen beide auf der Grundlage und im Rahmen von Rechtsnormen, ergehen beide durch ein staatliches Organ und begründen beide bestimmte Rechte und Pflichten für bestimmte Adressaten.

Spricht man über das Rechtsbewußtsein der Juristen und seine Funktion in der richterlichen Rechtsanwendung, so ist zu beachten, daß es Bestandteil der Persönlichkeit des Richters ist. In der bereits zitierten sowjetischen Arbeit „Recht und Soziologie" werden unter Auswertung von soziologischen und statistischen Untersuchungen bestimmte Kennzeichen der Tätigkeit des Richters und bestimmte Faktoren, die diese Tätigkeit beeinflussen, herausgearbeitet.[55] So wird die richterliche Tätigkeit als eine Tätigkeit charakterisiert, die u. a. einen qualifizierten, vielseitig gebildeten Juristen erfordert, der die Fähigkeit besitzt, nicht nur ein Kollektiv ständiger Mitarbeiter zu leiten, sondern auch „Kollektive" von Prozeßteilnehmern. Faktoren, die das Niveau der Parameter der Persönlichkeit negativ beeinflussen, sind vor allem unzureichende berufliche Vorbereitung und fachliche Weiterqualifizierung. Dazu gehören solche Fragen wie die Notwendigkeit, eine Berufstauglichkeitsuntersuchung vor dem Studium durchzuführen, die juristische Ausbildung zu verbessern (größere Spezialisierung, mehr Produktionspraktika, Erhöhung des Niveaus der kulturellen und der Allgemeinbildung der Juristen) sowie Möglichkeiten zur kontinuierlichen Qualifizierung zu schaffen.

Zweifellos ist es auch schwierig, bestimmte Erscheinungen — z. B. Erfolge oder Mängel in der Rechtsprechung — direkt auf den Stand des Rechtsbewußtseins der Richter zurückzuführen. Von sowjetischen Autoren wird z. B. die Anzahl der richtigen und begründeten Entscheidungen als ein mögliches positives Kriterium des Rechtsbewußtseins der Juristen angesehen, das im negativen Bereich, an der Anzahl der Kassationen zu messen sei. Als Beleg für das gestiegene Niveau des Rechtsbewußtseins der Juristen wird angeführt, daß 1950 19% der Urteile durch Kassationen aufgehoben wurden, während es demgegenüber 1969 nur noch 3,9% waren.[56]

Meines Erachtens spielt für den Rückgang von Kassationsentscheidungen ein ganzer Komplex von Faktoren eine Rolle, wozu sicherlich *auch* das Niveau des Rechtsbewußtseins der Juristen gehört. Insgesamt sind aber auch solche Faktoren dabei zu berücksichtigen wie: das Niveau der juristischen Ausbildung, die psychologische Vorbildung, das Dienstalter, die Lebens- und Arbeitsbedingungen der Richter (ihre Belastung), Fragen der Gerichtspolitik (vor allem auch der Kassationspolitik), das Niveau der vorangegangenen Untersuchungsstadien (Arbeit der Untersuchungsorgane, der Staatsanwaltschaft) u. a.[57]

Anlage 1:
Bewertungsbegriffe im Zivilgesetzbuch der DDR vom 19. 6. 1975

Bewertungsbegriff	Paragraph
gesellschaftliches Erfordernis	13, 14, 21 (2), 247 (3), 284 (2), 316
berechtigtes Interesse	13, 22 (3), 152 (1), 317 (1), 382 (2), 416 (1) (3), 420 (1), 442 (2)
gesellschaftliches Interesse	22 (3), 246 (1), 276 (2), 317 (1), 318 (1) (2), 320 (1), 382 (2), 442 (2)
umfassende Weise	18 (2)
überwiegend	23 (2)
unrechtmäßig	27, 28
wesentlich geringer	30 (2), 31 (3)
wesentlich den Wert einer Sache übersteigend	31 (2)
erheblicher gesellschaftlicher Wert oder Interesse	32 (1)
unberechtigt	33 (2)
notwendige Aufwendungen	33 (2), 79 (2), 84 (2), 89 (2), 110 (2), 122 (4), 155 (1), 182, 220 (3)
unaufschiebbare Handlungen	36 (2)
unzumutbar	37, 127 (2), 214 (2), 329 (2)
unverzüglich	39 (10, 70 (2), 89 (2), 107 (1), 127 (2), 170 (1), 227 (2), 252 (2), 263 (2), 386 (2), 395, 436 (1)
individuelle Interessen der Bürger mit den gesellschaftlichen Interessen in Übereinstimmung bringen	43 (2)
Befriedigung täglicher Lebensbedürfnisse	50 (5), 52 (3)
alle Möglichkeiten nutzen, die durch die soz. PV zur Erfüllung der Produktions-, Handels- u. DL-Aufgaben gegeben sind	71 (3)
soweit die Umstände nichts anderes ergeben	74 (3)
maßgebende Umstände	78 (1)
nach dem Stand der gesellschaftlichen Entwicklung	78 (1)
nicht mehr zuzumuten	78 (1), 202 (2)
trotz aller Anstrengungen	83 (1)
angemessene Frist	85 (1), 86 (1), 152 (1) (2), 153, 171, 173 (3), 180 (1), 202 (1), 222 (1), 228 (1), 253 (2), 281

Anlage 1 (Fortsetzung)

Bewertungsbegriff	Paragraph
ordnungsgemäßer Zustand	88 (1), 314 (5)
dem volkswirtschaftlichen u. dem Interesse des Gläubigers entsprechend	88 (1)
zusätzliche Aufwendungen	89 (1)
erheblich beeinträchtigt	90 (4), 210 (2)
Wohnung in einem zum vertragsgemäßen Gebrauch geeigneten Zustand	101, 218 (1)
ein Mangel	101, 107 (1) (2), 223
angemessene Zeit	101, 149 (2), 275 (3)
zum vertragsgemäßen Gebrauch geeigneter malermäßiger Zustand	104 (1)
alles Zumutbare	107 (1)
nicht genügendes Nachkommen zur Beseitigung eines Mangels	107 (3)
erforderliche Aufwendungen	109 (1)
im gesellschaftlichen Interesse liegende Verbesserung der Wohnung	111, 112 (2)
angemessene Entschädigung	112 (3), 320 (2), 321 (3), 329 (2)
wirtschaftlicher Vorteil	112 (3), 113 (1)
wirtschaftlich nicht vertretbar	113 (1)
gröblich, wiederholt gröblich	121 (1), 213 (2)
die Wohnung aus gesellschaftlich gerechtfertigten Gründen benötigen	122 (1), 314 (3) (6)
den Wohnraum überwiegend mit Einrichtungsgegenständen auszustatten	128 (3)
einwandfreie Beschaffenheit	139 (1)
zulässiger Kaufpreis	139 (2), 165 (2)
erforderlich oder üblich	139 (4)
bei sachgemäßem Gebrauch	148 (1)
Eigenschaften der Ware, die zugesichert sind u. Eigenschaften, die für den vereinbarten besonderen Verwendungszweck vorausgesetzt werden	148 (2)
alsbaldiger Verbrauch	149 (2)
begrenzte Verwendungsdauer	149 (2)
grober Verstoß gegen elementare Grundsätze der Konstruktion, der Materialauswahl, der Fertigung und Montage . . .	149 (3), 196 (2)
angemessene Herabsetzung	151 (1)
wesentliche Verschlechterung	151 (3)
nach allg. Erfahrung	156, 183
notwendige Mitwirkungshandlung	165 (2)
bearbeitungsfähiger Zustand	169 (1)
unabwendbares Ereignis	172, 215 (1), 230 (1)
übliche Anforderungen	177 (2), 198 (1)
übliche Gebrauchsdauer	178 (1)
nicht vertretbarer Aufwand	179 (2)
wichtiger Grund	186 (1), 228 (2), 236 (3), 280 (3), 336 (2), 325, 202 (1)
notwendige Arbeiten	193 (3).

Anlage 1 (Fortsetzung)

Bewertungsbegriff	Paragraph
eigenes vertragswidriges Verhalten	195 (2)
keine ihrer Art angemessene Nutzungsdauer und Haltbarkeit	196 (2)
unvollständig o. mangelhaft	210 (1), 214 (1)
unmöglich	209 (2), 213 (2)
andere Sachen	232 (1)
zumutbare Maßnahmen	245 (1)
unvorhergesehen	246 (1)
andere Ereignisse	246 (1)
bestimmte Ereignisse	247 (3)
gesellschaftliche Auswirkungen	255 (1)
pers. u. wirtschaftl. Verhältnisse	255 (1)
veränderte Umstände	275 (1)
mutmaßlicher Wille	275 (1), 276 (1)
bestimmungsgemäß	290 (1)
gesellschaftlich gerechtfertigte Gründe	312 (2), 314 (2) (3)
besonders schwerwiegendes vertragswidriges Verhalten	314 (3)
wesentliche Beeinträchtigung	319 (1), 321 (3)
erhebliche Gefährdung	328 (2)
unvermeidlich	329 (2)
gegenwärtig nicht möglich o. volkswirtschaftlich nicht vertretbar	329 (2)
unter Berücksichtigung der wirtschaftlichen Lage der Beteiligten u. aller Umstände des Einzelfalles	332, 350
trotz Ausnutzung aller durch die soz. PV gegebenen Möglichkeiten	334
im beschränkten Umfang	338 (3)
angemessener Ausgleich	338 (3)
erheblich oder längere Zeit	338 (3)
in absehbarer Zeit	339 (2)
in Anbetracht der wirtschaftlichen Lage	340
zumutbare Bemühungen	343 (2)
auf Grund des Entwicklungsstandes	348 (2)
angemessene Weise	352, 355 (1)
erhebliche Sachwerte	355 (1)
angemessener Finderlohn	359 (1)
angemessene Belohnung	361 (2)
mutmaßlicher Wille	372
arglistig	374 (1)
wesentliche Veränderung	448 (3)
unmittelbare Lebensgefahr	462 (2)
schwerwiegende Gründe	480 (3)

(Vgl. hierzu G. Bausch, Bewertungsbegriffe im ZGB, Diplomarbeit, Humboldt-Universität 1979)

Anlage 2:
Bewertungsbegriffe in der Neuererverordnung

Bewertungsbegriff	Paragraph
geeignete Qualifizierungsmaßnahmen	10 (1), 3
alle erforderlichen Voraussetzungen zu schaffen	6 (2), 11 (2)
umfassend verwertet bzw nutzen	7 (1), 26 (1), 27 (1), 27 (3)
schöpferische Leistungen	8 (1)
unverzüglich	10 (1) 3., 16 (4), 17 (1), 21 (2)
in Übereinstimmung mit den gesellschaftlichen Erfordernissen	22 (1) 2., 22 (1) 4.
im erforderlichen Umfang	22 (1) 3.
bewährte und geeignete Formen	27 (1)
besonders anerkannt werden	31 (2)
unabwendbare Umstände	16 (5)
zu erstattende Aufwendungen	17 (1)
wissenschaftlich-technische oder andere Aufgabenstellung	18 (1)
wirtschaftlichen oder sonstigen Vorteil (Nutzen) für die Gesellschaft	18, 2., dazu Grundsatz 1 zur NVO und Richtlinie 30 des Obersten Gerichts
fachlich zuständiger Betrieb	20 (2)
schutzfähig erscheinende Leistungen	27 (1)
entsprechend ihrer Bedeutung für die Gesellschaft	29 (1)
Erstattung von Aufwendungen	30 (3)
Nutzen für die Gesellschaft	30 (4)

Anmerkungen

Kapitel 1

1 Bericht des Zentralkomitees der Sozialistischen Einheitspartei Deutschlands an den X. Parteitag der SED, Berichterstatter: E. Honecker, Berlin 1981, S. 116.
2 Ebenda.
3 Ebenda, S. 117.
4 Bericht des Zentralkomitees der Sozialistischen Einheitspartei Deutschlands an den IX. Parteitag der SED, Berichterstatter: E. Honecker, Berlin 1976, S. 111ff., S. 83ff.; vgl. hierzu auch G. Schüßler, Die Staatskonzeption des Programms der SED — Realität unserer Staatlichkeit, in: Staat und Recht (im folgenden: StuR), 3/1981, S. 200.
5 Vgl. Bericht des Zentralkomitees der Sozialistischen Einheitspartei Deutschlands an den X. Parteitag der SED . . ., a. a. O., S. 48.
6 Vgl. E. Honecker, Bericht an die 11. Tagung des ZK der SED, Berlin 1979, S. 35; U.-J. Heuer u. a., Die Wirksamkeit des Wirtschaftsrechts, Berlin 1979, S. 9.
7 K. Sorgenicht/T. Riemann, Der sozialistische Staat — stark durch die bewußte Aktivität seiner Bürger, in: Einheit 2/1981, S. 135.
8 Direktive des X. Parteitages der SED zum Fünfjahrplan für die Entwicklung der Volkswirtschaft der DDR in den Jahren 1981 bis 1985, Berichterstatter: W. Stoph, Berlin 1981, S. 42.
9 U.-J. Heuer, Die aktive Rolle des Überbaus am Beispiel der Rechtsnormen, in: Deutsche Zeitschrift für Philosophie (im folgenden: DZfPh), 5/1980, S. 675.
10 Vgl. E. Buchholz, Philosophie und Rechtswissenschaft, in: DZfPh, 2/1980, S. 186.
11 Vgl. hierzu: K. A. Mollnau (Hrsg.), Komponenten der Rechtsbildung und ihr Einfluß auf die gesellschaftliche Wirksamkeit des sozialistischen Rechts — Materialien des III. Berliner rechtstheoretischen Symposiums —, Berlin 1980, insbes. S. 10—34 u. S. 175—179.
12 W. I. Lenin, Die nächsten Aufgaben der Sowjetmacht, in: Lenin, Werke (im folgenden: LW), Bd. 27, Berlin 1974, S. 242.
13 Vgl. W. Weichelt, Hauptrichtungen der Forschungsarbeit: Qualifizierung der staatlichen Leitung und Entwicklung der sozialistischen Demokratie, in: StuR, 9/1976, S. 910.
14 Vgl. Marxistisch-leninistische allgemeine Theorie des Staates und des Rechts, Bd. 4, Das sozialistische Recht, Berlin 1976, S. 70.
15 Insofern erscheinen Versuche, den Begriff des Mechanismus der rechtlichen Regelung durch einen Systembegriff zu ersetzen, nicht begründet. Vgl. W. Grahn/I. Wagner, Rechtstheoretische Probleme des Systems der rechtlichen Regelung im Sozialismus, in: StuR, 5/1980, S. 455ff.
16 Zum Begriff der Wirksamkeit des sozialistischen Rechts vgl. Autorenkollektiv, Objektive Gesetze — Recht — Handeln, Berlin 1979, S. 69f.

17 Vgl. Marxistisch-leninistische Staats- und Rechtstheorie, Lehrbuch, 3. Aufl., Berlin 1980, S. 576ff. — Ein Hinweis auf die durch die Theorie der Konkretisierung angesprochenen Probleme findet sich lediglich im Kapitel 21, „Sozialistische Rechtsnormen“, S. 537.

Kapitel 2

1 Vgl. ausführlich hierzu: Autorenkollektiv, Objektive Gesetze — Recht — Handeln, a. a. O., insbes. S. 58—64.
2 K. Marx, Kritik des Gothaer Programms, in: Karl Marx/Friedrich Engels, Werke (im folgenden: MEW), Bd. 19, Berlin 1972, S. 20.
3 Ebenda, S. 21.
4 F. Engels, Brief an Joseph Bloch, in: MEW, Bd. 37, Berlin 1967, S. 463.
5 Ebenda, S. 491.
6 Vgl. hierzu auch U.-J. Heuer, Die aktive Rolle des Überbaus am Beispiel der Rechtsnormen, in: DZfPh, 5/1980, S. 675.
7 Vgl. W. I. Lenin, Die nächsten Aufgaben der Sowjetmacht, a. a. O., S. 230—231.
8 Philosophisches Wörterbuch, Bd. 1, Leipzig 1969, S. 443.
9 Vgl. G. Stiehler, Verantwortung und Geschichte, Berlin 1972, S. 28.
10 Ders., Triebkräfte der sozialistischen Gesellschaft, in: DZfPh, 10/1979, S. 1204.
11 Vgl. dazu u. a. K. A. Mollnau, Aspekte der Beziehung von objektivem Gesetz und Recht und ihre Bedeutung für die Rechtsetzung des sozialistischen Staates, in: StuR, 2/1971, S. 277ff.; U.-J. Heuer, Gesellschaftliche Gesetze und politische Organisation, Berlin 1974, bes. S. 110ff.; E. Poppe/H. Such, Sozialistischer Staat, sozialistisches Recht und objektive gesellschaftliche Gesetze, Berlin 1974 (Sitzungsberichte der AdW der DDR, Gesellschaftswissenschaften, 14); I. Wagner, Einige allgemein-theoretische Fragen der effektiven Verwirklichung der Normen des sozialistischen Rechts unter dem Aspekt des Wirkungs- und Ausnutzungsmechanismus sozialer Gesetze, in: Wiss. Zeitschrift der Karl-Marx-Universität Leipzig, Gesellschaftswissenschaftliche Reihe, 3/1975, S. 235.
12 Vgl. hierzu Autorenkollektiv, Objektive Gesetze — Recht — Handeln, a. a. O., S. 58ff. In den folgenden Grundthesen zu dieser Thematik wird den Auffassungen der Autoren gefolgt.
13 E. Hahn, Zum historischen Charakter der Subjekt-Objekt-Dialektik und ihrer Spezifik beim Aufbau des Sozialismus, in: DZfPh, 8/1979, S. 933.
14 G. Stiehler, Triebkräfte der sozialistischen Gesellschaft, a. a. O., S. 1203.
15 Die in diesem Zusammenhang auftretenden Probleme werden an späterer Stelle ausführlicher erörtert.
16 Vgl. Autorenkollektiv, Objektive Gesetze — Recht — Handeln, a. a. O., S. 63.
17 Vgl. zur Problematik „Interesse und Recht“ A. Schmidt, Die Rolle der Interessen an Rechtskenntniserwerb und an rechtsnormgemäßem Handeln im rechtlichen Wirkungsprozeß, Diss. A, Berlin 1980.
18 E. J. Ajueva, O vzaimosvjazi celi i interesa v pravoprimenitel'noj dejatel'nosti, in: Sovetskoe gosudarstvo i pravo, Jg. 1973, H. 2, S. 12.
19 Vgl. U.-J. Heuer, Die aktive Rolle des Überbaus am Beispiel der Rechtsnormen, in: DZfPh, a. a. O., S. 678.
20 Dabei ist es wichtig, diesen Übergang nicht auf die bloße Erkenntnis der Interessen zu reduzieren. Um zu ideellen Triebkräften zu werden, müssen die Interessen *er*kannt und *aner*kannt werden (vgl. W. Bradter, Moral, Motiv, Verhalten, Berlin 1976, S. 34).
21 Vgl. K. Marx, Kritik des Gothaer Programms, in: MEW, Bd. 19, a. a. O., S. 21.
22 Marxistisch-leninistische allgemeine Theorie des Staates und des Rechts, Bd. 4, a. a. O., S. 164/165.
23 Ebenda.
24 N. I. Kondakov, Wörterbuch der Logik, Leipzig 1978, S. 15.

25 Vgl. G. Stiehler, Die Beziehung Sein und Bewußtsein konkret fassen, in: DZfPh, 1/1979, S. 94.

26 D. A. Kerimov, Methodologische Aspekte der Rechtsschöpfung, in: Beiträge zur Rechtsmethodologie und Rechtsmethodik, Berlin 1980, S. 60.

27 Ausführungen darüber, zur Regelung *welcher* gesellschaftlicher Verhältnisse der Gesetzgeber abstrakte bzw. weniger abstrakte Rechtsnormen verwendet oder verwenden sollte, werden im Zusammenhang mit den Bewertungsbegriffen gemacht. Vgl. S. 28ff. der vorl. Arbeit.

28 H. Klenner, Lenins „Empiriokritizismus" und die Grundfrage der Rechtstheorie, in: StuR, 10/1967, S. 1625.

29 H. Geisler/I. Wagner, Zur Individualisierung der sozialistischen Rechtsnormen in der Rechtsverwirklichung, in: StuR, 1/1980, S. 64—73.

30 Vgl. Strafrecht, Allgemeiner Teil, Lehrbuch, Berlin 1978, S. 437.

31 Daß Geisler und Wagner die Individualisierung auch so verstanden wissen wollen (wenn auch in bezug auf ein kollektives Rechtssubjekt, was aber an der Grundthese nichts ändert), geht aus folgendem Zitat hervor: „Die Individualisierung darf allerdings nicht auf das persönlich-individuelle menschliche Handeln als Rechtsverwirklichung reduziert werden; sie erfaßt auch das Handeln kollektiver Rechtssubjekte" (H. Geisler/I. Wagner, Zur Individualisierung der sozialistischen Rechtsnormen in der Rechtsverwirklichung, in: StuR, 1/1980, S. 66).

32 K. Marx, Einleitung zur Kritik der Politischen Ökonomie, in: MEW, Bd. 13, Berlin 1961, S. 632. — Vgl. zum Begriff des Konkreten auch G. Stiehler, Die Beziehung Sein und Bewußtsein konkret fassen, a. a. O., S. 94ff.

33 H. Geisler/I. Wagner, Zur Individualisierung . . ., a. a. O., S. 69. — Sie widersprechen dieser These allerdings selbst, indem sie zu den Stadien der Individualisierung u. a. die Entscheidungsvorbereitung zählen, ebenda, S. 70.

34 Vgl. z. B. § 152 ZGB, §§ 9 (1), 10 (1) AGB.

35 Vgl. hierzu G. G. Šmeleva, O konkretizacii juridičeskich norm v pravoprimenitel'noj dejatel'nosti, in: Problemy pravovedenija, respublikanskij meževedomstvennyj naučnyj, sbornik, Vypusk 41, Kiev 1980, S. 11ff.

36 Vgl. Familienrecht, Lehrbuch, Berlin 1976, S. 93, 95.

37 I. Szabó, Die theoretischen Fragen der Auslegung des Rechts, Berlin 1963, S. 6.

38 Vgl. auch K. Marx/F. Engels, Manifest der Kommunistischen Partei, in: MEW, Bd. 4, Berlin 1959, S. 477.

39 I. Szabó, Die theoretischen Fragen der Auslegung des Rechts, a. a. O., S. 5.

40 H. Klenner, Rechtstheorie, Lehrbrief der Hochschule für Ökonomie, Berlin-Karlshorst 1967 (im folgenden: H. Klenner, Rechtstheorie . . .).

41 T. Schönrath, Theorie des Staates und des Rechts, Fernstudienmaterial, Leipzig 1973, S. 35. Vgl. auch Marxistisch-leninistische Staats- und Rechtstheorie, a. a. O., S. 579.

42 K. Marx/F. Engels, Die deutsche Ideologie, in: MEW, Bd. 3, Berlin 1958, S. 311.

43 Marxistisch-leninistische allgemeine Theorie des Staates und des Rechts, Bd. 4, a. a. O., S. 327.

44 Vgl. T. Schönrath, Theorie des Staates und des Rechts, Fernstudienmaterial, a. a. O., S. 35.

45 I. Szabó, Die theoretischen Fragen der Auslegung des Rechts, a. a. O., S. 5.

46 So stellt Kerimov fest, daß man die Wirksamkeit des Rechts unterschätze, „wenn man nicht versteht, daß es nicht nur eine bewußte Fixierung existierender gesellschaftlicher Verhältnisse darstellt, sondern in vielen Fällen auch eine prognostische Widerspiegelung des Seins ist" (D. A. Kerimov, Der methodologische Aspekt der Rechtsschöpfung, a. a. O., S. 61).

47 H. Klenner, Rechtstheorie . . ., S. 74.

48 I. Szabó, Die theoretischen Fragen der Auslegung des Rechts, a. a. O., S. 13.

49 Marxistisch-leninistische allgemeine Theorie des Staates und des Rechts, Bd. 4, a. a. O., S. 329ff. Vgl. auch K. A. Mokitschew, Theorie des Staates und des Rechts, Ausgewählte Kap., Bd. II, Potsdam-Babelsberg 1973, S. 148.

50 Die Auslegung (AL) läßt sich insgesamt wie folgt einteilen:

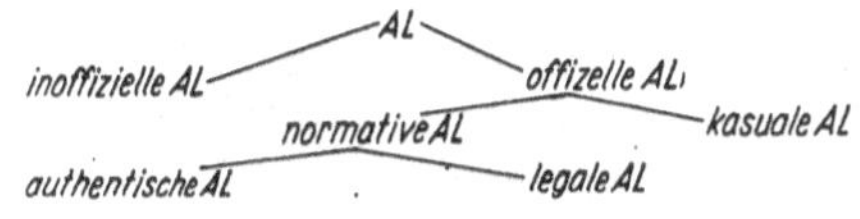

51 Dafür fehlen allerdings praktische Beispiele.
52 Vgl. Stellungnahme des Präsidiums des Obersten Gerichts zur Verbindlichkeit von Leitungsentscheidungen des Obersten Gerichts, in: Neue Justiz (im folgenden NJ), 5/1970, S. 131.
53 Vgl. hierzu auch H. Klenner, Rechtstheorie . . ., S. 81.
54 Vgl. Marxistisch-leninistische Allgemeine Theorie des Staates und des Rechts, Bd. 4, a. a. O., S. 340/341.
55 A. Bezina, V. V. Lazarev, Konkretizacija prava v sudebnoj praktike, in: Sovetskaja Justicija, Jg. 1969, H. 2; V. P. Reutov, Juridičeskaja praktika i rasvitie zakonodatel'stvo, in: Pravovedenie, Jg. 1970, H. 3; S. S. Alekseev, Social'naja cennost' prava v sovetskom obščestve, Moskau 1971; A. F. Čerdancev, Voprosy tol'kovanija sovetskogo prava, Swerdlowsk 1972; V. V. Lazarev, Primenenie sovetskogo prava, Kasan 1972; N. N. Voplenko, Oficial'naja tol'kovani pravovych norm, Moskau 1976; S. N. Bratus, Sudebnaja praktika v sovetskoj pravovoj sisteme, Moskau 1975.
56 A. F. Čerdancev, Voprosy tol'kovanija sovetskogo prava, a. a. O., S. 38.
57 V. V. Lazarev, Primenenie sovetskogo prava, a. a. O., S. 60.

Kapitel 3

1 Die folgenden Ausführungen beziehen sich also auf den Konkretisierungsprozeß, der *innerhalb der Rechtsanwendung* abläuft.
2 AO über die Ermittlung des Nutzens zur Vergütung von Neuerungen und Erfindungen vom 20. 7. 1972, GBl. II Nr. 48, § 2. Im Zusammenhang mit der Neuererverordnung sind auch die „Grundsätze zur Neuererverordnung" zu erwähnen, die vom Amt für Erfindungs- und Patentwesen (AfEP) herausgegeben werden und die m. E. auch zum System der Rechtsformen des Wirkungsprozesses des sozialistischen Rechts gehören (vgl. z. B. Mitteilungsblatt des AfEP, 9/1972).
3 GBl. I 1974 Nr. 45, S. 413.
4 W. N. Kudrjawzew, Das Rechtsbewußtsein der Juristen, in: NJ 14/1974, S. 432.
5 Vgl. M. J. Baru, Ocenočnye ponjatija v trudovom zakonodatel'stve, in: Sovetskoe gosudarstvo i pravo, Jg. 1970, H. 7; M. J. Kovalev, Optimal'noe sootnošenie formal'nogo i ocenočnogo v ugolovnom zakone, in: Sovetskoe gosudarstvo i pravo, Jg. 1973, H. 11; E. A. Frolov, Stabil'nost' zakona i sootnošenie formal'no — opredelennych i ocenočnych ponjatij v ugolovnom prave, in: Problemy sovetskogo ugolovnogo prava i kriminologii, vyp. 28, Swerdlowsk 1973.
6 T. V. Kašanina, Ocenočnye ponjatija v sovetskom prave, in: Pravovedenije, Jg. 1976, H. 1.
7 Vgl. dazu auch ebenda, S. 25.
8 Das macht beispielsweise Čerdancev. Vgl. A. F. Čerdancev, Voprosy tol'kovanija sovetskogo prava, a. a. O., S. 173ff.
9 Vgl. dazu T. V. Kašanina, Ocenočnye ponjatija v sovetskom prave, a. a. O., S. 26.
10 Quantitative Bewertungsbegriffe werden bei ihrer Konkretisierung durch bestimmte Leitungsorgane häufig mit konkreten Zahlen ausgefüllt. So wird z. B. der Bewertungsbegriff des § 37 StGB „keine erheblich schädlichen Auswirkungen" durch einen Rechtssatz des Obersten Gerichts mit „wenig über 50,— M liegend" beziffert. In: NJ, 1/1974, S. 24.
11 K. A. Mollnau, Wie relevant ist der rechtliche Regelungsgegenstand im sozialistischen Rechtsbildungsprozeß — Thesen —, in: Komponenten der Rechtsbildung . . ., Materialien des

III. Berliner rechtstheoretischen Symposiums, a. a. O., S. 18.

12 J. Lekschas, Diskussionsbeitrag, in: H. Such, Stabilität des sozialistischen Rechts und gesellschaftliche Entwicklung, Sitzungsberichte der AdW der DDR, 9 G, 1976 (im folgenden: J. Lekschas, Diskussionsbeitrag), S. 29.

13 Vgl. auch J. Lekschas, ebenda, S. 30.

14 K. A. Mollnau, Wie relevant ist der rechtliche Regelungsgegenstand ..., a. a. O., S. 18.

15 Diese sind bekanntlich wiederum abhängig von den vielfältigen Faktoren wie Steigerung des Nationaleinkommens, Weltmarktbedingungen, internationale Klassenkampfsituation u. a. m.

16 T. V. Kašanina, Ocenočnye ponjatija v sovetskom prave, a. a. O., S. 25.

17 Vgl. K. Marx, Kritik des Gothaer Programms, in: MEW, Bd. 19, a. a. O., S. 21.

18 Wofür sich der Gesetzgeber im konkreten Fall entscheidet, ist von vielfältigen Bedingungen abhängig, so z. B. vom Schutzbedürfnis der sozialistischen Gesellschaft, dem Grad der Ausprägung der sozialistischen Demokratie, dem Bewußtseinsstand der Werktätigen u. a. m.

19 Vgl. DVO zum ZGB vom 19. 1. 1977, GBl. I, S. 9—10.

20 J. Lekschas, Diskussionsbeitrag, a. a. O., S. 33.

21 Das Problem Bewertungsbegriffe, ihre Konkretisierung und die Durchsetzung der sozialistischen Gesetzlichkeit wird an anderer Stelle noch einmal aufgegriffen.

22 Ein Teil dieser Bewertungsbegriffe wurde dann auch durch die DVO zum ZGB vom 19. 1. 1977 konkretisiert (vgl. GBl. I, S. 9—10).

23 Weitere Ursachenkomplexe könnten aus jetziger Sicht sein: 1. Wegfall des Anwaltszwanges in der II. Instanz. Die neuen prozeßrechtlichen Regelungen sind bedeutend unbürokratischer, sind lebensnäher. (Der Bürger kann also zunächst mit einer Postkarte Berufung einlegen!) 2. Das gewachsene Rechtsbewußtsein der Bürger bestärkt sie, für ihre vermeintlichen Rechte einzutreten, auch nach anfänglichem Mißerfolg (u. a. sicher ein Ergebnis der verstärkten rechtspropagandistischen Tätigkeit zum ZGB).

24 Hinsichtlich der Konkretisierung von Bewertungsbegriffen aus der Neuererverordnung existieren hier als Konkretisierungsstufen „Grundsätze zur Neuererverordnung", die vom Amt für Erfindungs- und Patentwesen entwickelt werden (vgl. Neuererrecht, hg. vom Amt für Erfindungs- und Patentwesen, Berlin 1976, S. 49ff.).

25 Vgl. hierzu von der Thematik her auch H. Geisler, Einige allgemeintheoretische Fragen der Individualisierung der Normen des sozialistischen Rechts, dargestellt am Beispiel des Individualaktes unter besonderer Berücksichtigung seiner Rolle im sozialistischen Verwaltungsrecht, Diss. A, Leipzig 1977. — Hinsichtlich der unterschiedlichen Standpunkte vgl. vorl. Ausführungen, S. 17f.

26 Der Begriff der richterlichen Rechtsanwendung wird hier im Sinne des Lehrbuches gebraucht. — Vgl. Marxistisch-leninistische Staats- und Rechtstheorie, a. a. O., S. 466ff. Vgl. dazu auch insbes. unter dem Aspekt des Tätigkeitsbereichs der Gerichte J. Göhring, Die Zulässigkeit des Gerichtsweges als Ausdruck der staatlichen Leitung sozialistischer gesellschaftlicher Verhältnisse im Rahmen der Arbeits- und Lebensbedingungen der Bürger, Diss. B, Berlin 1971.

27 Vgl. dazu u. a. „21. Plenartagung des Obersten Gerichts", in: NJ, 2/1969, S. 43; W. Rudelt u. a., Zur Rechtsprechung des Obersten Gerichts auf dem Gebiet der Begründung, Änderung und Beendigung von Arbeitsrechtsverhältnissen, in: NJ, 17/1966, S. 534; H. Toeplitz, Der Beitrag des Obersten Gerichts zur Stärkung und Festigung der sozialistischen Staatsmacht, in: NJ, 19/1974, S. 577; K. Schumann u. a., Die Anleitung der Gerichte der DDR durch die zentralen Justizorgane, in: NJ, 10/1960, S. 1662; H. Benjamin u. a., Erforschung der Geschichte der Rechtspflege der DDR. Eine aktuelle Aufgabe, in: NJ, 19/1969, S. 603; G. Puls, Aufgaben der Gerichte bei der Verwirklichung des LPG-Rechts, in: NJ, 7/1978; LPG-Recht, Lehrbuch, Berlin 1976, S. 62 Anm. 14.

28 Bei der Untersuchung des Rechtssatzes gilt es zu beachten, daß gegenwärtig alle Entscheidungen des Obersten Gerichts in der Informations- und Dokumentationsabteilung nach Rechtssätzen in einer Rechtssatzkartei erfaßt werden, obwohl nicht alle verallgemeinerungs-

fähige Aussagen enthalten und deshalb nicht Rechtssätze im Sinne der oben formulierten Definition sind. Das trifft vor allem für Entscheidungen des Obersten Gerichts zur Rückverweisung zu. Darüber hinaus werden nach diesem Verfahren auch die Entscheidungen der Bezirksgerichte im Obersten Gericht erfaßt.

29 H.-U. Günther/K.-H. Hiller, Darstellung der Denkvorgänge der Berufsrichter und Schöffen bei der Bestimmung der gesetzlich zulässigen und notwendigen Maßnahme der strafrechtlichen Verantwortlichkeit, Diss. A, Berlin 1971, S. 178.

30 Vgl. hierzu Bjulleten' Verchovnogo Suda SSSR, Jg. 1974, H. 6, S. 12.

31 Vgl. auch §§ 36, 20 GVG.

32 K. Cohn, Die Auswirkungen des Berufungsurteils auf die Leitung der Zivilrechtsprechung, in: NJ, 6/1969, S. 170.

33 Vgl. dazu z. B. S. Wittenbeck, Plenartagung des Obersten Gerichts zu den Aufgaben bei der weiteren Erhöhung des Niveaus der Rechtsprechung und ihrer Leitung, in: NJ, 1/1977, S. 15ff.

34 Vgl. hierzu auch die Ausführungen zu Bewertungsbegriffen im ZGB, S. 28ff.

35 Vgl. W. I. Lenin, Über „doppelte" Unterordnung und Gesetzlichkeit, in: LW, Bd. 33, Berlin 1971, S. 350.

36 Zitiert in: Theorie des sozialistischen Rechts, Lehr- und Studienmaterial der Karl-Marx-Universität, H. 4, Leipzig 1973, S. 32.

37 Streit spricht konkret von der „wachsenden Rolle des subjektiven Faktors bei der weiteren Vervollkommnung der Individualisierung der Strafe", was m. E. aber verallgemeinerungsfähig für den gesamten Rechtsanwendungsprozeß ist (vgl. J. Streit, Über die schöpferische Anwendung des Strafrechts in der sozialistischen Gesellschaft, in: NJ, 17/1977, S. 578).

38 H. Toeplitz, Der Beitrag des Obersten Gerichts zur Stärkung und Festigung der sozialistischen Staatsmacht, in: NJ, 19/1974, S. 577.

39 Vgl. dazu meine Ausführungen, S. 19ff.

40 H. Toeplitz, Der Beitrag des Obersten Gerichts . . ., a. a. O., S. 576.

41 M. Keil, Anmerkung zum OG-Urteil vom 20. 2. 1975 — 2b Zst 6/75, in: NJ, 15/1975, S. 463.

42 Diese Zahlen sind Durchschnittswerte, die auf der Grundlage der Angaben der Statistischen Jahrbücher der DDR berechnet wurden.

43 Vgl. dazu auch A. Grandke u. a., Zur Wirksamkeit des Familienrechts, in: NJ, 16/1976, S. 480.

44 Vgl. OG-Urteil vom 1. 8. 1975 — 2 Zz 21/75, veröffentlicht in: NJ, 21/1975, S. 644f.

45 G. Hildebrandt, Maßnahmen zum Um- und Ausbau sowie zur Modernisierung von Wohnungen, in: NJ. 9/1976, S. 261.

46 Vgl. OG-Urteil vom 1. 8. 1975 — 2 Zz 21/75, a. a. O., S. 645.

47 Ebenda.

48 Dazu zählt, daß „a) die hierfür erforderlichen bautechnischen Bedingungen vorhanden sind und ggf. notwendige staatliche Genehmigungen, insbesondere der Staatlichen Bauaufsicht erteilt werden, b) die Modernisierung gesellschaftlich anzuerkennenden Wohnbedürfnissen entspricht und c) die Modernisierung ohne wesentliche Beeinträchtigungen des Vermieters oder anderer Mieter durchzuführen ist" (vgl. Rechtssatz zum OG-Urteil vom 1. 8. 1975 — 2 Zz 21/75, a. a. O., S. 644; vgl. dazu auch W. Strasberg, Die Anwendung des ZGB in der Rechtsprechung — ein Beitrag zur Verwirklichung der Hauptaufgabe, in: NJ, 3/1977, S. 65ff.).

49 Die gewählte Reihenfolge der Probleme soll keine Wertigkeit ausdrücken.

50 W. Strasberg, Zur Wirksamkeit von Leitungsdokumenten des OG auf den Gebieten des Arbeits-, Familien- und Zivilrechts, in: NJ, 14/1974, S. 416.

51 OG-Urteil, in: NJ, 1/1972, S. 23.

52 Auf dieses Verhältnis verweist im speziellen, nämlich am Beispiel des Wohnungsmietrechts auch Supranowitz, indem er feststellt: „Der Zusammenhang zwischen dem ZGB und der Verwirklichung der Hauptaufgabe sowie der für sie charakteristischen Sicherheit und Geborgenheit für alle Bürger in der sozialistischen Gesellschaft ist auf dem Gebiet des

Wohnungsmietrechts besonders eng" (S. Supranowitz, Erfahrungen bei der Durchsetzung des sozialistischen Zivilrechts, in: NJ, 7/1977, S. 191).

53 Vgl. zur Problematik des Anteils der Rechtsanwendung an der Rechtsbildung auch A. Visegrády, Die Wirkung der Gerichtspraxis auf die sozialistische Rechtsetzung, in: Komponenten der Rechtsbildung ..., Materialien des III. Berliner rechtstheoretischen Symposiums, a. a. O., S. 88ff.

54 Vgl. G. Haney, Werte der Arbeiterklasse und sozialistisches Recht, in: NJ, 20/1976, S. 602ff.

55 H. Ranke, Die Herausbildung der leitenden Prinzipien des sozialistischen Zivilrechts, in: NJ, 18/1975, S. 534.

56 Veröffentlicht in: NJ, 10/1968, S. 318 und in: NJ, 1/1974, S. 28. — Vgl. zu diesem Beispiel auch G. Hildebrandt, Maßnahmen zum Um- und Ausbau sowie zur Modernisierung von Wohnungen, a. a. O., S. 261ff.

57 Vgl. H. Kellner, Zur Herausbildung, Durchsetzung und Weiterentwicklung sozialistischer Prozeßprinzipien in der DDR, in: NJ, 8/1972, S. 217f.; Die Grundsatzbestimmungen der neuen ZPO, in: NJ, 18/1975.

58 OG-Urteil vom 8. 9. 1964 — 2 Zs 21/64, veröffentlicht in: NJ, 4/1965, S. 125.

Kapitel 4

1 Vgl. hierzu W. N. Kudrjawzew, Das Leninsche Prinzip der Gesetzlichkeit, in: NJ, 4/1980, S. 146.

2 Diese Problemkreise spielten teilweise unter verschiedenen Aspekten in dieser Arbeit schon eine Rolle. Ihre zusammenfassende Darstellung soll noch einmal den Wirkungsbereich der Fragen der Konkretisierung verdeutlichen.

3 Vgl. W. I. Lenin, Über „doppelte" Unterordnung und Gesetzlichkeit, in: LW, Bd. 33, S. 350.

4 Vgl. S. N. Bratus, Juridičeskaja priroda sudebnoj praktiki v SSSR, in: Sovetskoe gosudarstvo i pravo, Jg. 1975, H. 6, S. 13.

5 Marxistisch-leninistische allgemeine Theorie des Staates und des Rechts, Bd. 4, Berlin 1976, S. 339; J. M. Groševoj, Problemy formirovanii sudejskogo ubeždenija v ugolovnom sudoproizvodstve, Charkov 1975; M. J. Kovalev, O pričiny ugolovnom prave, in: Pravovedenie, Jg. 1975, H. 5, S. 131; V. Peschka, Grundprobleme der modernen Rechtsphilosophie, Budapest 1974, S. 177.

6 Vgl. hierzu: H. Fincke, Die Bedeutung des Rechtsmittelurteils für die Leitung der Zivilrechtsprechung, in: NJ, 4/1969, S. 106; G. Jahn/S. Petzold, Die weitere Entwicklung der sozialistischen Rechtspflege erfordert eine höhere Qualität der Rechtsprechung, in: NJ, 4/1961, S. 119; K. Schumann u. a., Die Anleitung der Gerichte ..., a. a. O.

7 Vgl. OG-Urteil, in: NJ, 17/1974, S. 535.

8 Der Begriff Rechtsquelle wird als juristischer Fachterminus verwendet und berührt nicht die Frage des Ursprungs des sozialistischen Rechts. Im sozialistischen Staat werden unter dem Begriff der Rechtsquelle die *Normativakte des sozialistischen Staates* verstanden (vgl. Marxistisch-leninistische allgemeine Theorie des Staates und des Rechts, Bd. 1, Berlin 1974, S. 436ff.).

9 H. Toeplitz, Der Beitrag des Obersten Gerichts zur Stärkung und Festigung der sozialistischen Staatsmacht, a. a. O., S. 577.

10 Vgl. Programm der SED, Berlin 1976, S. 40ff. — Vgl. dazu weiter B. Gräbner/P. Müller, Das Prinzip des demokratischen Zentralismus und das Dilemma seiner Kritiker, in: StuR, 1/1978, S. 27ff.; U.-J. Heuer, Wiederum zum demokratischen Zentralismus, in: StuR, 4/1978.

11 H. Toeplitz, Erste Schlußfolgerungen für die Rechtsprechung aus dem IX. Parteitag der SED, in: NJ, 14/1976, S. 410.

12 Ebenda.

13 Wenn allerdings ein Senat des Obersten Gerichts in einer grundsätzlichen Frage von einem durch einen anderen Senat aufgestellten Rechtssatz abweichen will, entscheidet hierüber laut § 40 (1) GVG das Präsidium des Obersten Gerichts.

14 Vgl. Verfassung der DDR, Art. 93 Abs. 1, S. 67.

15 V. Peschka, Grundprobleme der modernen Rechtsphilosophie, a. a. O.; vgl. hierzu auch H. Klenner, Rechtsphilosophie ohne Ausweg, in: StuR, 1/1975, S. 75; W. Grahn, Rezension zu V. Peschka, in: Deutsche Literaturzeitung, 3/1976, Sp. 205.

16 Ob im konkreten Fall der Rahmen der Rechtsnorm überschritten worden ist oder nicht, ist eine Frage, die m. E. nur von der jeweiligen Zweigwissenschaft beantwortet werden kann. Dieses Problem bedarf einer eingehenderen Untersuchung. Bei der Bestimmung von Kriterien, die dafür ausschlaggebend sind, daß der Rahmen der Rechtsnorm nicht überschritten wurde, müßten solche Probleme Beachtung finden wie: 1. Die Konkretisierung darf der Rechtsnorm nicht widersprechen. 2. Sie muß der Gesamtaussage des Gesetzes (den jeweiligen Rechtsprinzipien, Präambel usw.) entsprechen. 3. Sie muß aber keinesfalls in jedem Element vom Gesetzgeber vorausgesehen worden sein.

17 Vgl. V. Peschka, Grundprobleme der modernen Rechtsphilosophie, a. a. O., S. 181. — Meines Erachtens lassen diese Ausführungen Peschkas eine Interpretation zu, nach der die Aufgabe der Rechtstheorie *lediglich* darin besteht, eine theoretische Rechtfertigung für die ausgeübte Praxis zu finden!

18 Vgl. ebenda, S. 178. — Es sei nur am Rande vermerkt, daß sich Peschka hier auf positivrechtliche Verfügungen beruft, obwohl er an anderer Stelle ausdrücklich darauf verweist, daß man das Problem des Richterrechts nicht mit positivrechtlichen Verfügungen erklären kann.

19 Ebenda, S. 184f.

20 W. A. Tumanow, Bürgerliche Rechtsideologie, Berlin 1975, S. 89. Vgl. auch U.-J. Heuer, Die aktive Rolle des Überbaus am Beispiel der Rechtsnormen, a. a. O.

21 K. Marx/F. Engels, Deutsche Ideologie, in: MEW, Bd. 3, Berlin 1958, S. 311.

22 W. I. Lenin, Über eine Karikatur auf den Marxismus, in: LW, Bd. 23, Berlin 1968, S. 40.

23 V. Peschka, Grundprobleme . . ., a. a. O., S. 180.

24 Ebenda.

25 W. I. Lenin, Entwurf des Artikels „Die nächsten Aufgaben der Sowjetmacht", in: LW, Bd. 27, Berlin 1974, S. 207.

26 W. I. Lenin, Über Gewerbegerichte, in: LW, Bd. 4, Berlin 1963, S. 297.

27 R. O. Chalfina, Obšču učenie o pravootnošenii, Moskau 1974, S. 165.

28 Ausdruck dafür sind die in der Verfassung (Art. 94) festgelegten Anforderungen an einen Richter.

29 So wird ein gerichtlicher Fehler aus der Sicht des Bürgers — in der Regel — nicht auf den betreffenden Richter, sondern auf den Staat bezogen.

30 Vgl. B. N. Topornin, Das politische System des Sozialismus, Berlin 1974, S. 122 und 135.

31 Karl Polak stellte in Auseinandersetzung mit Fragen des richterlichen Nachprüfungsrechts von Parlamentsbeschlüssen fest: „Es heißt das Parlament entmachten, wenn man ihm die Befugnis nehmen würde, seinen Anordnungen den unbedingten Rechtscharakter beigeben zu können" (K. Polak, Justizerneuerung, Berlin 1948, S. 49).

32 Vgl. hierzu auch W. A. Tumanow, Zur marxistischen Einschätzung der bürgerlichen Konzeption vom „Richterrecht", in: Bürgerliches Recht im politischen System des Imperialismus, Berlin 1980, S. 25ff. (Staats- und rechtstheoretische Studien, H. 9).

33 Vgl. hierzu ausführlich H. Benjamin u. a., Zur Geschichte der Rechtspflege der DDR 1945 bis 1949, Berlin 1976, S. 188ff.

34 Vgl. Autorenkollektiv, Objektive Gesetze — Recht — Handeln, a. a. O., S. 79—110 und insbes. S. 221—238; U.-J. Heuer u. a., Wirksamkeit des Wirtschaftsrechts, a. a. O., S. 156ff.

35 K. Marx, Brief an Ludwig Kugelmann, in: MEW, Bd. 32, Berlin 1974, S. 552—553.

36 G. L. Smirnow, Die Herausbildung der sozialistischen Persönlichkeit, Berlin 1975, S. 312.

135.

37 W. N. Kudrjawzew, Das Rechtsbewußtsein der Juristen, in: NJ, 14/1974, S. 431.

38 E. V. Nasarenko, Sozialistisches Rechtsbewußtsein und Rechtsschöpfung, Berlin 1974, S. 91ff.

39 J. D. Bluvštejn, K izmerenijn pravosoznanija juristov, in: Socialističeskaja zakonnost', Jg. 1972, H. 2.

40 F. Engels, Brief an Conrad Schmidt, in: MEW, Bd. 37, Berlin 1974, S. 490—491. — Ähnlich äußert sich auch Karl Marx: „Der Verbrecher produziert ferner die ganze Polizei und Kriminaljustiz, Schergen, Richter, Henker, Geschworene usw.; und alle diese verschiedenen Gewerbezweige, die ebenso viele Kategorien der gesellschaftlichen Teilung der Arbeit bilden, entwickeln verschiedene Fähigkeiten des menschlichen Geistes, schaffen neue Bedürfnisse und neue Weisen ihrer Befriedigung" (K. Marx, Abschweifung (über produktive Arbeit), in: MEW, Bd. 26, Teil 1, Berlin 1971, S. 363).

41 Beispielhaft sei auf folgende gesetzlich fixierte Mitwirkungsformen in der Rechtsanwendung verwiesen: Art. 90 (3) der Verfassung; § 9 (1) GVG; Art. 6 StGB; §§ 4, 36, 37, 53, 102, 227, 296 StPO; §§ 4, 32 (1), 58 des Gesetzes über das gerichtliche Verfahren in Zivil-, Familien- und Arbeitsrechtssachen.

42 82,3% der Richter und Schöffen an den Kreisgerichten der DDR sind ihrer sozialen Herkunft nach Arbeiter oder waren schon in der materiellen Produktion tätig (vgl. H. Kern, Die sozialistische Staats- und Rechtsordnung beständig festigen, in: NJ, 10/1979, S. 427. An den Bezirksgerichten sind 73,4% der Richter ihrer sozialen Herkunft nach Arbeiter. Vgl. Informationen, in: NJ, 6/1977, S. 181).

43 Vgl. T. Rasehorn, Klassenjustiz heute? in: Vorträge, Zeitschrift für Gesellschaftspolitik, 1/1973, S. 7.

44 Ähnlich äußert sich unter dem Aspekt des gesellschaftlichen Bewußtseins T. Hahn in seinem Beitrag: Das individuelle Bewußtsein und die Dialektik von objektiven Bedingungen und subjektivem Faktor, in: DZfPh, 5/1974.

45 E. V. Nasarenko, Sozialistisches Rechtsbewußtsein und Rechtsschöpfung, a. a. O., S. 31.

46 Vgl. J. M. Groševoj, Problemy formirovanii sudejskogo ubeždenija v ugolovnom sudoproizvodstve, a. a. O., S. 64.

47 Darauf verweist auch Kudrjawzew. Dabei geht er von folgenden Strukturelementen des Rechtsbewußtseins aus: Rechtskenntnis, Einstellung zum Recht, Gewohnheit des rechtlichen Verhaltens (vgl. W. N. Kudrjawzew, Das Rechtsbewußtsein der Juristen, a. a. O., S. 431). — Den folgenden Ausführungen zu den Besonderheiten des Rechtsbewußtseins der Juristen liegt ein Strukturmodell zugrunde, das relativ-konstante Grundelemente — Kenntnisse, Einstellungen, Fähigkeiten und Gewohnheiten — sowie situativ-dynamische Grundelemente wie Motive erfaßt (vgl. hierzu: H. Dettenborn/K. A. Mollnau, Rechtsbewußtsein und Rechtserziehung, Berlin 1976, S. 49ff.).

48 Vgl. dazu A. Koblikow, Die Erziehung der künftigen Juristen zur kommunistischen Bewußtheit, in: NJ, 2/1980, S. 73.

49 Vgl. W. N. Kudrjawzew, Das Rechtsbewußtsein der Juristen, a. a. O.

50 W. Stoph, Staat und Staatsbewußtsein im 30. Jahr unserer Republik, in: Einheit, 9/10/1979, S. 914.

51 Autorenkollektiv, Pravo i sociologija. Moskau 1973, S. 281.

52 P. F. Paškevič, Leninskie idei — nezyblemaja osnova sovetskogo pravosudija, in: Sovetskoe gosudarstvo i pravo, Jg. 1974, S. 75.

53 H.-U. Günther/K.-H. Hiller, Darstellung der Denkvorgänge der Berufsrichter und Schöffen..., a. a. O.

54 Vgl. E. V. Nasarenko, Sozialistisches Rechtsbewußtsein und Rechtsschöpfung, a. a. O., S. 104.

55 Pravo i sociologija, a. a. O., S. 275ff.

56 Ebenda, S. 282.

57 Vgl. I. L. Petruchin, Pričiny sudebnych ošibok, in: Sovetskoe gosudarstvo i pravo, 5/1970, S. 101f.

Personenregister

ROSWITHA SVENSSON

Geb. 1950; Dr. jur.

Forschungsgruppenleiter am Institut für Theorie
des Staates und des Rechts der Akademie der Wissenschaften
der Deutschen Demokratischen Republik

Kolibri 360 GmbH
Ferdinand-Jühlke-Straße 7
99095 Erfurt, Deutschland
produktsicherheit@kolibri360.de